지식이 감동

세상이 아무리 바쁘게 돌아가더라도
책까지 아무렇게나 빨리 만들 수는 없습니다.
어머니가 손수 지어주는 밥처럼
정성이 듬뿍 담긴 건강한 책을 만들고 싶습니다.

길벗스쿨은 쉽게 배우고 깨쳐 공부에 자신감을 주는 책,
재미와 감동으로 마음을 풍요롭게 해 주는 책으로
독자 여러분께 다가가겠습니다.

아이의 꿈을 키워 주는 정성을
지금, 만나보세요.

(주)도서출판 길벗 www.gilbut.co.kr
길벗 이지톡 www.eztok.co.kr
길벗스쿨 www.gilbutschool.co.kr

이 책을 먼저 만난 엄마들의 한마디

자고 일어난 아이에게 중국어로 말을 건넸어요.
"자오샹 하오! 마마 아이 니." 그리고 꼭 안아주었습니다.

첫날엔 잠도 덜 깼는데 엄마가 낯선 말을 건네자
'뭐지? 무슨 말이지?' 하는 느낌으로 멈칫하더니
"엄마, 어느 나라말이야? 중국?" "마마가 엄마야?" 하고
관심을 보여 우리말 뜻을 살짝 알려 주었어요.

둘째 날에도 "자오샹 하오! 마마 아이 니." 하고 인사를 하니
또록또록 눈을 굴리며 고민을 하더니 "나 아이 마마!" 하더라고요.
나름 머리 굴린 게 기특해서 궁디 팡팡 해주고,
'나'는 중국어로 '워'라고 알려 주었습니다.
그랬더니 "워 아이 아빠", "워 아이 언니", "워 아이 지훈" 하며
<u>스스로 확장해 나가더라고요.</u>

보통 회화 책에는 대화문이 실려 있는데 중국어 초보인 엄마에게 여러 문장이 주어지는 것이 부담스러웠어요. 이 책은 딱 한 문장만 기억하고 있다가 상황에 맞닥뜨렸을 때 바로 써먹을 수 있어서 좋았습니다.
— 엄마 기획단 최진

아이들에게 일상 속에서 상황에 맞는 중국어 표현을 한 문장씩 들려주었어요. 7세 아이는 처음에는 '그건 뭐야?'하고 물어보고 관심을 갖더니, 뜻을 알게 된 다음부터는 자기 전에 '완안!'같은 간단한 표현을 따라 하기도 했습니다. 영어에 비해 조금 낯설어 하는 부분은 있지만 '자오상 하오'나 '마마 아이 니'같은 간단한 문장은 표를 보고 단어 뜻을 간단하게 알려주고, 아이에게 확인하는 학습도 시도할 수 있었어요.

— 엄마 기획단 한지혜

일상생활에서 자주 쓰는 간단한 한 마디를 엄마가 중국어로 건네는 것만으로도 아이들이 쉽게 중국어에 스며든다는 것을 느꼈습니다. 중국어 발음에 자신이 없었는데 QR코드로 MP3를 바로 들을 수 있어서 정확한 발음을 함께 들려주니 엄마보다 더 빠르게 습득하는 것 같아요. 꾸준히 따라 하다 보면 아이들의 중국어 실력이 자연스레 향상되지 않을까 기대됩니다.

— 엄마 기획단 김유리

아이가 중국어 교재로 기초 단계를 학습한 경험이 있어서 책을 함께 보면서 일상 속에서 한두 마디 꾸준히 나누는 것을 목표로 정했습니다. 각각의 대표 문장과 상황을 나타낸 그림이 있어서 아이도 흥미를 가지고 보더라고요. 실생활에 밀접한 표현들이어서 매일 노출해 주기에 매우 유용했습니다.

— 엄마 기획단 정문주

엄마 기획단에 참여해 주신 모든 분께 감사드립니다.
이 책을 만드는 동안 엄마 기획단과 베타테스터 활동을 해주시고, 여러 가지 좋은 의견을 주신 김유리, 안정욱, 이수민, 정문주, 최진, 추공주, 한지혜, 홍정윤, 황인혜 님께 감사드립니다.

하루 한마디 외워서 일상에 바로 적용하는

엄마표 처음 중국어100

윤유나 지음

길벗스쿨

엄마표 처음 중국어 100
Mom's First Chinese 100

초판 발행 · 2021년 11월 15일

지은이 · 윤유나
발행인 · 이종원
발행처 · 길벗스쿨
출판사 등록일 · 2006년 7월 1일
주소 · 서울시 마포구 월드컵로 10길 56(서교동)
대표 전화 · 02)332-0931 | **팩스** · 02)323-0586
홈페이지 · www.gilbutschool.co.kr | **이메일** · gilbut@gilbut.co.kr

기획 및 책임 편집 · 이민경(krystal@gilbut.co.kr) | **표지 디자인** · 강은경 | **제작** · 이진혁
영업마케팅 · 김진성, 박선경 | **웹마케팅** · 박달님, 권은나 | **영업관리** · 정경화 | **독자지원** · 송혜란, 윤정아, 홍혜진

편집진행 및 교정교열 · 홍주현 | **감수** · 조홍매 | **본문 디자인** · 박찬진 | **삽화** · 류은형
전산편집 · 기본기획 | **녹음** · 와이알미디어 | **인쇄** · 두경M&P | **제본** · 경문제책

ISBN 979-11-6406-416-8 (13720) (길벗스쿨 도서번호 30492)
정가 13,000원

하루 한마디 엄마표 중국어로
우리 아이의 중국어 문턱을 낮춰주세요.

대부분의 부모님들이 아이에게 중국어를 접하게 해 주고 싶은데 부모님에게도 중국어가 낯선 언어인 경우가 많아서 '엄마표 중국어'를 시작하기 막막하기만 합니다. 중국어를 전혀 몰라도 부담 없이 배워서 엄마와 아이가 일상에서 매일 활용할 수 있도록 이 책을 집필하게 되었습니다.

중국어가 처음인 엄마도 할 수 있어요!

매일 반복되는 익숙한 상황 속에서 중국어를 접하도록 엄마 기획단과 함께 일상생활에서 아이에게 자주 쓰는 표현 100개를 골라 상황별로 모았습니다. 쉽고 간단한 문장으로 구성하여 원하는 표현을 골라서 5분만 미리 보면 바로 '엄마표 중국어'를 시작할 수 있습니다. 발음이 어려울까 봐, 틀릴까 봐 걱정하지 마세요. 우리말 발음을 참고하여 원어민의 음성을 듣고 따라하면 됩니다. 발음에 자신이 없다면 아이와 함께 듣고 따라해도 좋습니다.

아이가 중국어와 친해지는 것이 보여요!

엄마 기획단이 먼저 일주일 간 아이와 함께 이 책으로 '엄마표 중국어'를 진행했습니다. 중국어 노출이 전혀 없었던 아이도 엄마가 하는 말을 궁금해하고, 자연스럽게 표현을 익혀서 어느 순간 즐겁게 따라 말하는 것을 확인할 수 있습니다. 엄마가 일상 속에서 중국어를 말하는 순간부터 우리 아이에게 중국어는 익숙하고 재미있는 언어가 될 것입니다.

《엄마표 처음 중국어 100》으로 엄마, 아빠와 아이가 중국어와 친해지기를 바라며, 여러분의 '엄마표 중국어' 시작을 응원합니다.

윤유나

표현의 뜻을 확인해요!

배울 표현을 사용하는 상황과 우리말 해석이 제시됩니다.

발음을 들어요!

원어민 성우의 음성을 따라 정확한 발음과 성조를 연습할 수 있습니다.

그림으로 이해해요!

일상 속에서 표현을 적용할 수 있는 상황을 생동감 있는 그림으로 보여줍니다.

중국어 표현을 익혀요!

배울 표현의 중국어와 한어병음을 눈으로 익힐 수 있습니다.
이 책에서는 중국어, 한어병음이 낯선 부모님을 위해 원어민 발음에 가깝게 우리말로 표기했습니다.

☑ 아침 인사하기

001¹ 좋은 아침!

001.mp3

早上好!
Zǎoshang hǎo!

早上好!

Zǎoshang hǎo!

자오샹   하오

아침에 아이에게 중국어로 인사하며 하루를 시작해 보세요. '아침'이라는 뜻의 上 zǎoshang 뒤에 '안녕하다, 좋다'라는 뜻의 好 hǎo를 붙여 인사말을 만들 수 있습니다. 일상 속에서 자주 쓰는 표현이니 통문장으로 기억해 두세요. '上 好! Zǎoshang hǎo!'의 첫 글자인 '! Zǎo! [자오]'라고만 말해도 아침 인사가 됩니다.

➕ 아이를 부를 때는 '宝宝 bǎobao[바오바오]' 또는 '宝贝 bǎobèi[바오뻬이]'라고 불러요.

上	好
zǎoshang	hǎo
아침	안녕하다, 좋다

일상생활에 적용하기

좋은 아침!
上好!
Zǎoshang hǎo!

안녕히 주무셨어요?

우리 딸 일어났어? 좋은 아침!
上好!
Zǎoshang hǎo!

좋은 아침이에요.

표현 설명과 단어를 확인해요!

군더더기 없이 꼭 필요한 것만 짚어주는 표현 설명과 한 눈에 알아보기 쉽게 표로 정리한 단어 뜻까지 확인합니다.

아이에게 이렇게 들려주세요!

표현의 성격에 따라 통문장 들려주기, 패턴 속 단어를 바꾸어 들려주기, 아이에게 간단한 대답을 알려주고 대화하기 3가지 형태의 예시 대화를 보고 일상생활에서 적용하기 전 연습하는 코너입니다.

| MP3 듣기 및 다운로드 |

스마트폰이나 컴퓨터에서 MP3 파일을 바로 듣거나 전체 다운로드 할 수 있습니다. 길벗스쿨 홈페이지(www.gilbutschool.co.kr) 검색창에 도서명으로 검색해 해당 도서 페이지의 '자료실'을 선택하거나 QR코드를 이용하세요.

하루에 딱 5분, 한마디만 외워서
내 아이에게 매일 하는 말을 중국어로 들려 주세요.
엄마, 아빠가 일상 속에서 말하는 순간
아이는 모국어처럼 배워서 중국어 말문이 트입니다.

STEP 1 집에서 자주 쓰는 표현 고르기

이 책에 나오는 표현을 차례대로 공부할 필요는 없습니다. **실제로 아이에게 자주 쓰는 표현이나 엄마, 아빠가 기억하기 쉬운 말부터** 골라 MP3 파일을 충분히 듣고 따라 하며 아이에게 들려줄 준비를 하세요.

STEP 2 생활 속에서 중국어 표현 들려주기

엄마, 아빠가 어느 날 갑자기 낯선 언어로 말하면 '싫어, 하지 마!' 하고 거부할 수도 있어요. 꼭 하루에 한 개씩 새로운 표현을 노출하지 않아도 됩니다. **아이가 중국어를 충분히 듣고 익숙해질 시간을 주세요.**

중국어가 처음이거나 익숙하지 않다면 7일~10일 동안 한마디만 들려주는 것부터 시작해서 천천히 문장 개수를 늘려 보세요. **처음 새로운 문장을 들려줄 때는 우리말 뜻도 같이 말하고, 동일한 상황에서 꾸준히 반복해 주면 아이는 모국어처럼 자연스럽게 중국어를 익히게 됩니다.**

STEP 3   아이의 중국어 말문 트기

STEP 2까지 엄마, 아빠가 중국어를 공부하는 모습을 보고, 일상 속에서 하는 말을 들으며 중국어에 익숙해집니다. **아이는 조금씩 엄마, 아빠가 중국어로 말했던 것을 흉내 낼 거예요.**

아이의 학습 성향에 따라 말문이 트이는 속도는 조금씩 다르지만, 꾸준히 들려주어 일단 한 번 말문이 트이면, 그다음부터는 중국어를 받아들이는 속도가 점점 빨라집니다.

이 때 틀린 발음이나 완전하지 않은 문장을 바로바로 틀렸다고 고쳐주기보다 칭찬하고, 맞장구를 치며 바른 문장을 한 번 더 들려주세요. 발음에 자신이 없다면 원어민 음원을 들려주는 것도 좋습니다.

STEP 4   아이와 중국어로 대화하기

[일상생활에 적용하기] 코너에 아이가 할 수 있는 간단한 표현까지 담았습니다. **엄마, 아빠의 말을 이해하고, 따라 하는 아이에게 한 단계 더 나아가 간단한 대답을 알려 주세요.**

"네.", "아니요.", "맛있어요."와 같이 **간단한 대답이지만 중국어로 엄마, 아빠와 대화를 나누며 성취감을 느끼게 됩니다.** 이렇게 일상 속에서 즐겁게 익힌 경험이 앞으로 중국어 공부를 할 때 자신감을 갖게 해 줄 것입니다.

- 중국어가 처음이거나 익숙하지 않다면 한 문장씩 시작해서 천천히 문장 개수를 늘려 보세요.
- 중국어가 익숙한 부모님과 아이라면 하루에 한 문장씩 '100일 완주'에 도전해 보세요.

차례

PART 1. 아침 시간

PART 2. 등원 준비

PART 3. 유치원 가는 길

PART 4. 하원 후 집에서

PART 5. 아이와 놀이하기

PART 6. 이동할 때

PART 7. 안전 및 생활교육

PART 8. 아이와 외출하기

PART 9. 잘 준비하기

PART 10. 특별한 날

※ 중국어 발음 한글 표기: 외국어 표기법 미준수. 실제 발음에 더 가깝게 표기하였음.

ex. 爸爸 (표기법) 바바, (교재의 표기) 빠바 / 早上 (표기법) 자오샹, (교재의 표기) 짜오샹 / 起床 (표기법) 치촹 (교재의 표기) 치 추앙 등

준비 학습

 🎧 **MP3 듣기**

도서 페이지의 '자료실'을 터치하면 MP3 파일을 바로 듣거나 전체 다운로드를 할 수 있습니다.

중국과 중국어를 알아볼까요?

1. 중국은 어떤 나라일까?

중국의 정식 명칭은 **중화인민공화국**이고, 수도는 **베이징**이에요. 세계에서 네 번째로 넓은 국토를 가졌고, 56개 민족으로 구성된 다민족 국가예요. 90%를 차지하는 한족과 55개의 소수민족이 있어요. 땅이 넓고 여러 민족이 어울려 살다 보니 다른 지역 사람들끼리 대화할 때 서로 사용하는 언어가 많이 달라 의사소통이 어려웠어요. 그래서 모든 국민이 서로 불편 없이 대화할 수 있도록 만들어 보급한 것이 중국의 표준어인 '**보통화**'입니다.

중국의 국기는 오성홍기라고 해요!

2. 중국에서 쓰는 한자는 우리와 다르다?

중국에서는 우리나라, 대만에서 사용하는 한자(번체자)의 획을 간략하게 줄인 '**간체자**'를 사용합니다.

3. 중국어의 기본 문장 구조는?

중국어 문장은 술어(동사, 형용사)가 목적어 앞에 위치하기 때문에 영어와 비슷하다고 생각하기 쉬워요. 그러나 실제로는 우리말 어순과 비슷한 부분도 많이 있어요. 중국어는 영어처럼 단어의 형태 변화가 없으며, 우리말의 '은/는/이/가'에 해당하는 주격조사, '을/를'에 해당하는 목적격 조사가 없어요. 주어와 목적어의 순서가 바뀌면 전혀 다른 뜻이 되므로 주의해야 합니다.

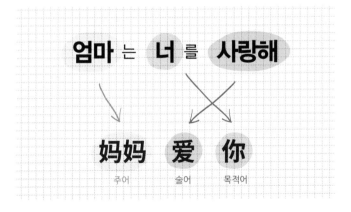

중국어 발음을 알아볼까요?

1. 한자를 어떻게 읽을까?

중국의 문자인 한자는 뜻글자로 한자만을 보고 발음하기 어렵기 때문에, 발음 표기법인 '한어병음'을 활용하여 발음합니다. 한어병음은 알파벳을 빌려 중국어 발음을 표기했지만 영어와 다르게 발음되는 것이 있으니 주의해야 합니다.

한어병음은 아래와 같이 **'성모, 운모, 성조'** 세 가지 요소로 구성되어 있습니다.

음의 높낮이 ········· 성조

国 **guó**

성모   운모

음절의   성모를 제외한
첫 소리   나머지 부분

> 이 책에서는 중국어, 한어병음이 낯선 부모님을 위해 원어민 발음에 가깝게 우리말로 표기했습니다.

2. 성조

성조는 **소리의 높낮이**를 가리키며, 중국어에는 **네 가지**의 성조가 있습니다. 성모와 운모가 같은 발음이라도 성조가 다르면 의미가 완전히 달라지기 때문에 매우 중요한 요소입니다.

제1성	제2성	제3성	제4성
높고 곧은 평평한 소리	중간 음에서 시작하여 한번에 상승하는 소리	낮은 음으로 살짝 내렸다가 다시 올라가는 소리	가장 높은 음에서 낮은 음으로 뚝 떨어지는 소리
ā	á	ǎ	à
5 → 5	3 → 5	2 → 1 → 4	5 → 1
tāng 汤 탕, 국	táng 糖 사탕	tǎng 躺 눕다	tàng 烫 뜨겁다

3. 경성

본래 성조를 가지고 있지만, 단어에 따라 성조 표기가 없는 글자가 있어요. 이렇게 발음하기 쉽도록 성조를 **짧고 가볍게 발음**하는 것을 '경성'이라고 합니다.

> 예 엄마 妈妈 māma [마마] | 아빠 爸爸 bàba [빠바]

000_2.mp3

4. 성모

성모는 음절의 첫 소리로, 모두 21개입니다. 우리말의 자음과 비슷합니다.

b(o) [뽀어] ㅂ/ㅃ	**p(o)** [포어] ㅍ	**m(o)** [모어] ㅁ		위, 아래 입술을 붙였다 떼면서 내는 소리
f(o) [포어] f				윗니로 아랫입술을 살짝 누르면서 내는 소리
d(e) [뜨어] ㄷ/ㄸ	**t(e)** [트어] ㅌ	**n(e)** [느어] ㄴ	**l(e)** [르어] ㄹ	혀끝을 윗잇몸에 대었다가 떼면서 내는 소리
g(e) [끄어] ㄱ/ㄲ	**k(e)** [크어] ㅋ	**h(e)** [흐어] ㅎ		혀뿌리를 입의 안쪽 천장에 붙였다 떼면서 내는 소리
j(i) [찌] ㅈ/ㅉ	**q(i)** [치] ㅊ	**x(i)** [씨] ㅅ/ㅆ		혀를 평평하게 하고 입을 옆으로 벌려 내는 소리
z(i) [쯔] ㅈ/ㅉ	**c(i)** [츠] ㅊ	**s(i)** [쓰] ㅅ/ㅆ		혀끝을 윗니 뒷면에 붙였다 떼면서 내는 소리
zh(i)★ [즈] ㅈ/ㅉ	**ch(i)**★ [츠] ㅊ	**sh(i)**★ [스] ㅅ	**r(i)**★ [르] ㄹ	혀끝을 살짝 들어 올려 입천장에 가깝게 하면서 내는 소리

> **TIP** ➕
>
> ❶ ㄱ, ㄴ, ㄷ을 기역, 니은, 디귿이라고 읽는 것처럼 성모를 읽을 때 괄호 안의 운모를 붙여 읽습니다.
> ❷ j, q, x와 결합한 운모 i는 '이' 발음이 나고, z, c, s, zh, ch, sh, r와 결합한 운모 i는 '으'로 발음합니다.
> ❸ j, q, x와 운모 ü가 결합할 때, 표기는 두 점을 빼고 u로 표기하지만 소리는 그대로 '위' 소리를 유지합니다.
>   **예** ju [쥐], qu [취], xu [쉬]

5. 운모

운모는 성모를 제외한 나머지 부분입니다. 'a, o, e, i, u, ü'의 기본 운모 6개와, 기본
운모를 결합한 복운모가 있습니다.

a		ai	ao	an	ang
아		아이	아오	안	앙

o		ou	ong		
오(어)		어우	웅		

e		ei	en	eng	er
으(어)		에이	으언	으엉	얼

i		ia	ie	iao	i(o)u
(yi)		(ya)	(ye)	(yao)	(you)
이		이아	이에	이아오	이어우

ian	in	iang	ing	iong
(yan)	(yin)	(yang)	(ying)	(yong)
이엔	인	이앙	이잉	이옹

u		ua	uo	uai	u(e)i★
(wu)		(wa)	(wo)	(wai)	(wei)
우		우아	우어	우아이	우에이

uan	u(e)n★	uang	ueng
(wan)	(wen)	(wang)	(weng)
우안	우언	우앙	우엉

ü		üe	üan	ün
(yu)		(yue)	(yan)	(yun)
위		위에	위엔	윈

TIP ➕

❶ (　) 속 표기는 성모가 없이 운모가 첫소리로 쓰일 때의 표기법입니다.
❷ e는 '으어'로 발음하지만, 빨간색으로 표시된 음절은 '에'로 발음합니다.
❸ a는 '아'로 발음하지만, 초록색으로 표시된 음절과 같이 i 또는 ü와 결합하면 '에'로 발음합니다.
❹ ★의 괄호는 성모와 결합했을 때 발음은 되지만 표기는 생략합니다.
❺ 성모 없이 i, u, ü가 음절의 첫머리에 단독으로 오거나 다른 모음과 결합해 음절의 첫머리가 될 경우, 각각 yi, wu, yu로 표기합니다.

6. 숫자로 중국어 발음 연습하기

1부터 10까지 숫자를 나타내는 단어로 성모, 운모, 성조를 결합해서 읽는 연습을 해 보세요.

숫자 1	一 yī	이
숫자 2	二 èr	얼
숫자 3	三 sān	싼
숫자 4	四 sì	쓰
숫자 5	五 wǔ	우
숫자 6	六 liù*	리우
숫자 7	七 qī	치
숫자 8	八 bā	빠
숫자 9	九 jiǔ	지우
숫자 10	十 shí	스

TIP ⊕

❶ 성조 부호는 a, o, e, i, u, ü 위에 표기합니다.
❷ 운모가 두 개 이상일 때는 a > o > e > i > u / ü의 운모 순으로 성조를 표기합니다.
❸ i에 표기할 때는 위쪽의 점은 생략하고 성조 부호만 표기합니다. 예 yī
❹ i와 u가 결합한 경우엔 뒤의 운모에 표기합니다. 예 liù

PART 1

아침 시간

🎧 **MP3 듣기**

도서 페이지의 '자료실'을 터치하
면 MP3 파일을 바로 듣거나 전체
다운로드를 할 수 있습니다.

001

☑ 아침 인사하기
좋은 아침!

001.mp3

早上好!
Zǎoshang hǎo!

자오샹　　　하오

아침에 아이에게 중국어로 인사하며 하루를 시작해 보세요. '아침'이라는 뜻의 早上 zǎoshang 뒤에 '안녕하다, 좋다'라는 뜻의 好 hǎo를 붙여 인사말을 만들 수 있습니다. 일상 속에서 자주 쓰는 표현이니 통문장으로 기억해 두세요. '早上 好! Zǎoshang hǎo!'의 첫 글자인 '早! Zǎo! [자오]'라고만 말해도 아침 인사가 됩니다.

➕ 아이를 부를 때는 '宝宝 bǎobao[바오바오]' 또는 '宝贝 bǎobèi[바오뻬이]'라고 불러요.

早上	好
zǎoshang	hǎo
아침	안녕하다, 좋다

c c c c c c c c c **일상생활에 적용하기** c c c c c c c c c

좋은 아침!

早上好!
Zǎoshang hǎo!

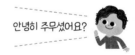

안녕히 주무셨어요?

우리 딸 일어났어? **좋은 아침!**

早上好!
Zǎoshang hǎo!

좋은 아침이에요.

002

☑ 아침 인사하기

일어났니?

002.mp3

起床了吗?
Qǐchuáng le ma?

치 츄앙   러   마

잠자리에서 일어난 아이에게 이렇게 아침 인사를 건네 보세요. '일어나다'라는 동작을 나타내는 起床 qǐchuáng 뒤에 了 le가 붙어서 '일어났다'로 해석합니다. 이렇게 동작 뒤의 了 le는 해당 동작이 완료되었음을 나타냅니다. 또, 문장 끝에 吗 ma를 붙이면 물어보는 표현을 만들 수 있습니다.

➕ 동작을 완료했을 경우에는 '起床了 qǐchuáng le'처럼 동작 뒤에 了 le를 붙여서 대답하고, 아직 완료되지 않았을 때는 '还没 hái méi [하이 메이] (아직 하지 않았어요)' 또는 '还没起床 hái méi qǐchuáng [하이 메이 치 츄앙] (아직 일어나지 않았어요)'처럼 말할 수 있습니다.

起床	了	吗
qǐchuáng	le	ma
일어나다, 기상하다	[완료를 나타냄]	~니?

일상생활에 적용하기

일어났니?

起床了吗?
Qǐchuáng le ma?

일어났어요.

起床了。 Qǐchuáng le.
치 츄앙   러

일어났어?

起床了吗?
Qǐchuáng le ma?

아직이요.

还没。 Hái méi.
하이 메이

003

☑ 잠 깨우기

어서 일어나.

003.mp3

快起床。
Kuài qǐchuáng.

快起床。
Kuài qǐchuáng.

콰이　　　치 츄앙

자는 아이를 깨울 때 쓸 수 있는 표현이에요. 快 kuài는 '어서, 빨리'이고, 起床 qǐchuáng은 '일어나다'라는 의미입니다. 동작 앞에 快 kuài를 붙여 해당 동작을 빨리하라고 재촉하는 표현을 만들 수 있습니다.

快	起床
kuài	qǐchuáng
어서, 빨리	일어나다, 기상하다

ccccccccccc **일상생활에 적용하기** cccccccccc

어서 일어나.

快起床。
Kuài qǐchuáng.

너무 졸려요.

유치원 늦겠다. 어서 일어나야지.

快起床。
Kuài qǐchuáng.

더 자고 싶어요.

004

☑ 잠 깨우기

엄마는 너를 사랑해.

004.mp3

妈妈爱你。

Māma ài nǐ.

마마　아이 니

중국어를 배우지 않았어도 '워 아이 니'를 들어 본 적이 있으실 거예요. 그 '아이'가 바로 '사랑하다'라는 뜻의 爱 ài랍니다. 爱 ài 앞에 있는 주어 妈妈 māma는 '엄마', 爱 ài 뒤에 있는 목적어 你 nǐ는 '너'를 의미합니다. 주어나 목적어를 바꾸어 다양하게 표현해 보세요.

- 我爱你。Wǒ ài nǐ. [워 아이 니] 나는 너를 사랑해.

妈妈	爱	你
māma	ài	nǐ
엄마	사랑하다	너, 당신

妈妈
māma 마마

엄마

爸爸
bàba 빠바

아빠

ᴄᴄᴄᴄᴄᴄᴄᴄᴄᴄᴄ **일상생활에 적용하기** ᴄᴄᴄᴄᴄᴄᴄᴄᴄᴄᴄ

엄마는 너를 사랑해.

妈妈爱你。 Māmā ài nǐ.

사랑해요.

아빠는 너를 사랑해.

爸爸爱你。 Bàba ài nǐ.

저도 사랑해요.

☑ 잠 깨우기

기지개 켜자.

005.mp3

伸伸懒腰。
Shēnshen lǎnyāo.

伸伸懒腰。
Shēnshen lǎnyāo.

션 션　　　란야오

이 표현을 들려줄 때 기지개를 켜거나, 다리를 쭉쭉 늘려 주는 등의 동작을 추가하면 아이가 더 재미있어 할 거예요. 원래 伸懶腰 shēn lǎnyāo [선 란야오]가 '기지개를 켜다'라는 뜻인데, 동사 伸 shēn을 반복해서 '伸伸懶腰 shēnshen lǎnyāo'라고 말하면 가벼운 뉘앙스가 됩니다. 이때, 반복하여 쓴 두 번째 伸 shen은 경성으로, 앞의 발음보다 가볍게 발음합니다.

伸懶腰
shēn lǎnyāo
기지개를 켜다

일상생활에 적용하기

기지개 켜자.

伸伸懶腰。
Shēnshen lǎnyāo.

네! 너무 시원해요.

기지개 켜자. 어때? 시원하지?

伸伸懶腰。
Shēnshen lǎnyāo.

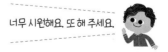

너무 시원해요. 또 해 주세요.

☑ 아침 맞이하기
세수하자.

006.mp3

洗脸吧。
Xǐ liǎn ba.

洗脸吧。
Xǐ liǎn ba.
씨 리엔 바

잠에서 막 깬 우리 아이, 세수부터 해야겠죠? 洗脸 xǐ liǎn이 '얼굴을 씻다, 세수를 하다'라는 뜻이고, 문장 끝의 吧 ba가 '~하자'라는 제안이나 권유를 나타냅니다. 洗脸 xǐ liǎn처럼 3성이 연이어 나오는 단어의 경우 앞에 있는 3성은 2성으로 발음하니 음원 파일을 듣고 따라해 보세요.

洗	脸	吧
xǐ	liǎn	ba
씻다	얼굴	~하자[제안·권유를 나타냄]

일상생활에 적용하기

세수하자.

洗脸吧。
Xǐ liǎn ba.

네, 알겠어요.

어서 잠 깨야지! 세수하자.

洗脸吧。
Xǐ liǎn ba.

조금만 있다가 할래요.

☑ 아침 맞이하기

다 누었니?

007.mp3

拉完了吗?
Lāwán le ma?
라완 러 마

우리말은 대변과 소변을 모두 '누다'라고 하지만 중국어는 각각 다른 동사를 사용합니다. 拉 lā는 '(대변을) 누다, (응가를) 하다'라는 뜻의 동사이기 때문에 이 표현은 '응가 다 했니?'하고 물어볼 때 쓸 수 있어요. 完 wán은 '(동작을) 끝내다'라는 의미를 나타냅니다. 끝냈을 경우에는 동작 뒤에 了 wán le만 붙여 '拉完了 lā wán le [라 완 러] (다 누었어요)'와 같이 대답하고, 끝내지 못했을 경우에는 '还没 hái méi [하이 메이] (아직이요)'라고 합니다.

拉	完	了	吗
lā	wán	le	ma
(대변을) 누다	끝내다	[완료를 나타냄]	~니?

ↄↄↄↄↄↄↄↄↄↄ **일상생활에 적용하기** ↄↄↄↄↄↄↄↄↄↄ

다 누었니?

拉完了吗?
Lāwán le ma?

응가 다 누었어요.

拉完了。 Lāwán le.
라 완 러

응가 다 했니?

拉完了吗?
Lāwán le ma?

아직이요.

还没。 Hái méi.
하이 메이

☑ 아침 맞이하기

도와줄게.

008.mp3

我来帮你。
Wǒ lái bāng nǐ.

我来帮你。
Wǒ lái bāng nǐ.
워 라이 빵 니

아이가 도움을 요청할 때나 아이가 스스로 하기 힘든 일을 도와주며 이렇게 말해 보세요. 来 lái는 기본 의미인 '오다'라는 뜻으로 자주 쓰이지만, 이 문장에서는 '(적극적으로 어떠한 동작을) 하다'라는 뜻을 나타냅니다. 동사 帮 bāng 앞에 쓰여 '적극적으로 돕겠다'라는 느낌을 줍니다.

我	来	帮	你
wǒ	lái	bāng	nǐ
나	~하다	도와주다	너, 당신

ccccccccccc **일상생활에 적용하기** ccccccccccc

혼자 입기 어려워요. 도와주세요.

도와줄게.

我来帮你。

Wǒ lái bāng nǐ.

응가 다 했어요. 도와주세요.

도와줄게.

我来帮你。

Wǒ lái bāng nǐ.

: 알아두면 유용한 인칭대명사

	단수		복수	
1인칭	나, 저	我 wǒ [워]	우리	我们 wǒmen [워먼]
2인칭	너, 당신	你 nǐ [니]	너희들	你们 nǐmen [니먼]
	你의 높임말	您* nín [닌]		
3인칭	그 [남자를 가리킴]	他 tā [타]	그들	他们 tāmen [타먼]
	그녀 [여자를 가리킴]	她 tā [타]	그녀들	她们 tāmen [타먼]
	그것 [사물·동물을 가리킴]	它 tā [타]	그것들	它们 tāmen [타먼]

TIP ⊕

您 nín은 你 nǐ의 존칭어로, 손윗사람이나 처음 만난 경우에 씁니다. 您 nín의 복수형은 你们 nǐmen입니다.

PART 2

등원 준비

 🎧 **MP3 듣기**

도서 페이지의 '자료실'을 터치하면 MP3 파일을 바로 듣거나 전체 다운로드를 할 수 있습니다.

009

☑ 아침 식사하기

밥 먹자.

009.mp3

吃饭吧。
Chī fàn ba.

吃饭吧。
Chī fàn ba.
츠　판　바

'밥 먹자', '밥 먹어라' 매일 아이에게 하는 말이죠? 아침, 점심, 저녁 시간에 관계 없이 쓸 수 있는 짧고 간단한 표현입니다. '먹다'라는 뜻의 吃 chī, '밥'이라는 뜻의 fàn 모두 자주 쓰는 단어지만 우리말에 없는 발음이라 우리말 발음 표기만 보고 읽기보다 음원을 충분히 듣고 따라해 보세요. 음원을 아이와 함께 들어 보는 것도 좋습니다.

吃	饭	吧
chī	fàn	ba
먹다	밥	~하자[제안·권유를 나타냄]

일상생활에 적용하기

음~ 맛있는 냄새!

어서 오렴. 밥 먹자.

吃饭吧。
Chī fàn ba.

아빠, 식사하세요!

그래, 밥 먹자.

吃饭吧。
Chī fàn ba.

☑ 아침 식사하기

토스트 먹을래?

010.mp3

要吃土司吗?
Yào chī tǔsī ma?

要吃土司吗?
Yào chī tǔsī ma?
야오 츠 투쓰 마

꼭 아침 식사 시간이 아니더라도 음식 이름을 넣어 아이에게 그 음식을 먹고 싶은지 물어볼 때 쓸 수 있는 유용한 표현입니다. 要 yào는 동사 앞에 위치하여 '~하기를 원하다'라는 의미를 나타냅니다. '要吃……吗? yào chī ~ ma?'라고 하면 '~을 먹고 싶니?', '~을 먹을래?'라고 묻는 표현이 됩니다.

要	吃	吐司	吗
yào	chī	tǔsī	ma
원하다	먹다	토스트	~니?

吐司
tǔsī
투쓰

토스트

炒鸡蛋
chǎo jīdàn
챠오 찌딴

스크램블 에그

토스트 먹을래?

要吃吐司吗?
Yào chī tǔsī ma?

네, 토스트 주세요.

스크램블 에그 먹을래?

要吃炒鸡蛋吗?
Yào chī chǎo jīdàn ma?

좋아요!

☑ 아침 식사하기
맛있니?

011.mp3

好吃吗?
Hǎo chī ma?

好吃吗?
Hǎo chī ma?
하오 츠 마

음식을 먹으며 맛에 대해 아이와 대화를 나누어 보세요. 好吃 hǎo chī는 '맛있다'라는 뜻입니다. '맛있다'라고 대답할 경우에는 '好吃 hǎo chī [하오 츠]' 또는 '很好吃 hěn hǎo chī [헌 하오 츠]'라고 하고, '맛이 없다'라고 말할 경우에는 부정을 나타내는 '不 bù [뿌]'를 앞에 붙여 '不好吃 bù hǎo chī [뿌 하오 츠]'라고 말합니다.

好吃	吗
hǎo chī	ma
맛있다	~니?

일상생활에 적용하기

맛있니?

好吃吗?
Hǎo chī ma?

정말 맛있어요.

很好吃。 Hěn hǎo chī.
　　　　　 헌　하오　츠

맛있니?

好吃吗?
Hǎo chī ma?

맛없어요.

不好吃。 Bù hǎo chī.
　　　　　 뿌　하오　츠

☑ 아침 식사하기

물 마시자.

012.mp3

喝水吧。
Hē shuǐ ba.
흐어 슈에이 바

아이에게 물을 마시라고 할 때 이 표현을 사용하세요. 喝 hē는 '마시다'라는 뜻이고, 문장 끝의 吧 ba는 '~하자'라는 의미를 나타냅니다. 우리말의 '먹다'는 씹을 수 있는 음식물과 마실 것에 모두 사용할 수 있지만, 중국어는 씹을 수 있는 음식물을 섭취할 때는 '吃 chī [츠]'를 사용하고 물, 우유, 국, 스프 등 액체류를 섭취할 때는 '喝 hē [흐어]'로 구분하여 사용합니다.

喝	水	吧
hē	shuǐ	ba
마시다	물	[제안·권유를 나타냄]

水
shuǐ 슈에이

물

牛奶
niúnǎi 니우나이

우유

일상생활에 적용하기

물 마시자.

喝水吧。 Hē shuǐ ba.

아, 시원해!

우유 마시자.

喝牛奶吧。 Hē niúnǎi ba.

우유 좋아요. 주세요.

☑ 아침 식사하기

꼭꼭 씹어 먹어.

013.mp3

多嚼一会儿。
Duō jiáo yíhuìr.

多嚼一会儿。

Duō jiáo yíhuìr.

뚜어　지야오　이훨

빨리 놀고 싶어서 허겁지겁 밥을 먹는 아이에게 이렇게 말해 보세요. 多 duō는 '많이', 嚼 jiáo는 '씹다', 一会儿 yíhuìr은 짧은 시간 즉, '잠시, 잠깐'을 뜻합니다. 多嚼 duō jiáo는 직역하면 '많이 씹다'라고 해석되지만, '꼭꼭 씹어 먹어'로 의역할 수 있습니다.

多	嚼	一会儿
duō	jiáo	yíhuìr
많이, 여러 번	씹다	잠시, 잠깐

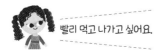
일상생활에 적용하기

빨리 먹고 나가고 싶어요.

꼭꼭 씹어 먹어.

多嚼一会儿。
Duō jiáo yíhuìr.

천천히 먹어야지. 꼭꼭 씹어 먹어.

多嚼一会儿。
Duō jiáo yíhuìr.

네, 꼭꼭 씹어 먹을게요.

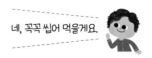

☑ 아침 식사하기

편식하면 안 돼.

014.mp3

不能挑食。
Bù néng tiāoshí.

뿌   넝   티야오스

골고루 잘 먹길 바라는 엄마의 마음과 달리, 편식하는 아이에게 가끔은 편식하지 말라고 타이르기도 하죠. 不能 bù néng은 '~하면 안 된다'라는 의미로, 금지를 나타냅니다. 이 문장을 직역하여 '편식하면 안 돼'로 해석하거나, 의역하여 '골고루 먹어야 해'로 해석할 수 있어요.

不能	挑食
bù néng	tiāoshí
~하면 안 된다	편식하다

ℂℂℂℂℂℂℂℂℂℂ **일상생활에 적용하기** ℂℂℂℂℂℂℂℂℂℂ

오이 먹기 싫어요.

편식하면 안 돼.

不能挑食。
Bù néng tiāoshí.

소시지만 먹을래요.

골고루 먹어야 해.

不能挑食。
Bù néng tiāoshí.

015

☑ 아침 식사하기
다 먹었니?

015.mp3

吃完了吗?
Chīwán le ma?

츠완 　 러 　 마

배불러 하는 아이에게 이렇게 물어보세요. '~完了吗? ~wán le ma?'는 어떠한 동작을 다 끝냈는지 묻는 표현입니다. 식사 시간에는 '먹다'라는 뜻의 동사 吃 chī를 넣어서 물어볼 수 있습니다. 대답은 다 먹었을 경우에는 '吃完了 chīwán le [츠 완 러]', 그렇지 않을 경우에는 '还没 hái méi [하이 메이]'라고 합니다.

➕ 吃 chī 대신 '마시다'라는 뜻의 동사 '喝 hē [흐어]'를 넣으면 '(국, 수프, 음료 등을) 다 마셨니?'라는 문장이 됩니다.

吃	完	了	吗
chī	wán	le	ma
먹다	끝내다	[완료를 나타냄]	~니?

일상생활에 적용하기

다 먹었니?

吃完了吗?
Chīwán le ma?

다 먹었어요.

吃完了。 Chīwán le.
츠완   러

다 먹었니?

吃完了吗?
Chīwán le ma?

아직이요.

还没。 Hái méi.
하이 메이

016

옷 입자.

016.mp3

穿衣服吧。
Chuān yīfu ba.

穿衣服吧。

Chuān yīfu ba.

츄안 이푸 바

외출하기 전이나 옷을 입자고 할 때, 또는 신발을 신자고 할 때 사용할 수 있는 간단한 표현이에요. 穿 chuān은 '입다, 신다'라는 뜻입니다. 우리말에서는 사물에 따라, 옷은 '입다'로, 신발이나 양말은 '신다'로 동사를 나누어 말하지만, 중국어에서는 티셔츠나 바지를 입든, 양말이나 신발을 신든 모두 穿 chuān으로 표현합니다.

穿	衣服	吧
chuān	yīfu	ba
(옷이나 신발 등을) 입다, 신다	옷	~하자[제안·권유를 나타냄]

衣服
yīfu 이푸

옷

鞋
xié 씨에

신발

일상생활에 적용하기

옷 입자.

穿衣服吧。 Chuān yīfu ba.

오늘은 제가 좋아하는 바지 입을래요.

신발 신자.

穿鞋吧。 Chuān xié ba.

보세요! 오늘은 제가 혼자 신었어요.

017

☑ 단장하기
네가 골라 봐.

017.mp3

你来挑一挑。
Nǐ lái tiāo yi tiāo.

니 라이 티야오 이 티야오

아이가 스스로 무언가를 선택할 수 있도록 선택의 기회를 줄 때 이렇게 말해 보세요. 이 문장에서의 来 lái는 '(적극적으로 어떠한 동작을) 하다'라는 뜻을 나타냅니다. 挑 tiāo는 여러 개의 선택지 중 하나를 '고르다'라는 의미로, 다른 사람에게 말할 때 挑一挑 tiāo yi tiāo라고 하면 가볍고 부드러운 느낌을 줍니다.

你	来	挑一挑
nǐ	lái	tiāo yi tiāo
너, 당신	~하다	고르다

일상생활에 적용하기

네가 골라 봐.

你来挑一挑。
Nǐ lái tiāo yi tiāo.

오늘은 원피스 입을래요.

어떤 걸로 살까? 네가 골라 봐.

你来挑一挑。
Nǐ lái tiāo yi tiāo.

이걸로 할래요.

☑ 단장하기

거꾸로 입었네.

018.mp3

穿反了。
Chuānfǎn le.

穿反了。

Chuānfǎn le.

츄안 판　　　러

아이가 옷을 거꾸로 입었거나, 신발 또는 양말을 반대로 신었을 때 사용할 수 있는 표현입니다. 反 fǎn은 '(방향이) 거꾸로 되다', '뒤집히다'라는 의미이고, 了 le는 문장 맨 뒤에 쓰여 변화를 나타냅니다. 표현이 짧고 사용하는 상황도 재미있어서 아이가 잘 따라 할 수 있는 표현이에요. '아이쿠!' 하며 이마를 짚는 등의 동작과 함께 들려주면 아이가 표현을 더 재미있게 배울 수 있습니다.

穿	反	了
chuān	fǎn	le
(옷, 신발 등을) 입다, 신다	반대로, 거꾸로	[변화를 나타냄]

ᒡ ᒡ ᒡ ᒡ ᒡ ᒡ ᒡ ᒡ ᒡ ᒡ **일상생활에 적용하기** ᒡ ᒡ ᒡ ᒡ ᒡ ᒡ ᒡ ᒡ ᒡ ᒡ

저 혼자 입어 볼래요.

거꾸로 입었네. 모자가 목 뒤로 가야 해.

穿反了。
Chuānfǎn le.

어이쿠, 거꾸로 신었네.

穿反了。
Chuānfǎn le.

도와주세요.

☑ 단장하기
머리 빗자.

019.mp3

梳头发吧。
Shū tóufa ba.

梳头发吧。
Shū tóufa ba.
슈　　터우퐈　　바

외출하기 전, 예쁘게 머리를 빗겨 줄 때 사용할 수 있는 표현입니다. 머리카락은 중국어로 头发 tóufa라고 합니다. '(머리카락을) 빗다'는 梳 shū [슈]인데, 두 번 반복하여 '梳梳头发 shūshu tóufa [슈 슈 터우파]'라고 하면 머리를 빗는 동작을 더욱 부드럽게 말하는 표현이 됩니다.

➕ 빗은 '梳子 shūzi [슈즈]'라고 합니다.

梳	头发	吧
shū	tóufa	ba
(머리카락을) 빗다	머리카락	~하자[제안·권유를 나타냄]

ccccccccc **일상생활에 적용하기** ccccccccc

머리 빗자.

梳头发吧。
Shū tóufa ba.

예쁘게 빗겨 주세요.

머리 빗자.

梳头发吧。
Shū tóufa ba.

아파요, 살살요.

☑ 단장하기

거울 봐 봐.

020.mp3

照照镜子。
Zhàozhao jìngzi.

照照镜子。

Zhàozhao jìngzi.

쨔오 쟈오　　　찡즈

외출 전 예쁘게 단장한 모습을 거울에 비춰 줄 때 이 표현을 사용해 보세요. 照 zhào는 '(거울을) 보다', '(거울에) 비추다', 镜子 jìngzi는 '거울'이라는 뜻입니다. 동사 照 zhào를 반복해서 '照照镜子 zhàozhao jìngzi [짜오 쟈오 쨩즈]'라고 말하면 가볍고 부드러운 말투가 됩니다. 이때, 반복하여 쓴 두 번째 照 zhao는 경성으로 발음합니다.

照	镜子
zhào	jìngzi
(거울을) 보다, (거울에) 비추다	거울

일상생활에 적용하기

거울 봐 봐.

照照镜子。
Zhàozhao jìngzi.

정말 마음에 들어요.

저도 거울 보고 싶어요.

그래? 거울 봐 봐.

照照镜子。
Zhàozhao jìngzi.

: 한마디로 인사하기

1 你好! 안녕? / 안녕하세요? (보편적인 인사말)
Nǐ hǎo! [니 하오]

2 再见! 또 만나요. / 안녕히 가세요. / 잘 가!
Zàijiàn! [짜이찌엔]

TIP ⊕

헤어질 때 인사말 중 영어의 'Bye-bye!'를 음역한 拜拜! Bàibai! [빠이바이], '안녕히 가세요, 살펴 가세요'라
는 의미의 慢走! Mànzǒu! [만저우]도 알아 두세요.

: 고마움 · 미안함 표현하기

1 谢谢。고마워. / 고맙습니다.
Xièxie.
[씨에씨에]

不客气。천만에. / 천만에요.
Bú kèqi.
[부 크어치]

2 对不起。미안해. / 죄송합니다.
Duìbuqǐ.
[뚜이부치]

没关系。괜찮아. / 괜찮아요.
Méi guānxi.
[메이 꽌씨]

TIP ⊕

고맙다는 인사말 谢谢 xièxie와 같은 표현인 多谢 duō xiè [뚜어 씨에], 감사의 응답 不客气 bú kèqi와 같
은 표현인 不谢 bú xie [부 씨에]와 没事儿 méi shìr [메이 셜]도 알아 두세요.

PART 3

유치원 가는 길

🎧 **MP3 듣기**

도서 페이지의 '자료실'을 터치하면 MP3 파일을 바로 듣거나 전체 다운로드를 할 수 있습니다.

☑ 외출 준비하기

준비 다 했니?

021.mp3

准备好了吗?
Zhǔnbèi hǎo le ma?

准备好了吗?

Zhǔnbèi hǎo le ma?

준뻬이　　하오 러 마

유치원 가기 전이나 외출하기 전에 아이에게 물어볼 수 있는 표현이에요. '다 먹었니?'라는 뜻의 吃完了吗? Chī wán le ma? [츠 완 러 마?] 015 표현에서 동작 뒤의 完了 wán le [완 러]가 단순히 동작을 '다 끝냈다'라는 의미를 나타냈다면, 동작 뒤의 好了 hǎo le는 동작을 '잘 끝냈다'라는 의미를 나타냅니다. 대답은 잘 끝냈을 경우 '准备好了 zhǔnbèi hǎo le [준뻬이 하올 러]', 아직 준비가 끝나지 않은 경우 '还没 hái méi [하이 메이]'라고 대답합니다.

准备	好	了	吗
zhǔnbèi	hǎo	le	ma
준비하다	잘 끝내다	[완료를 나타냄]	~니?

ϲϲϲϲϲϲϲϲϲϲ **일상생활에 적용하기** ϲϲϲϲϲϲϲϲϲϲ

준비 다 했니?

准备好了吗?
Zhǔnbèi hǎo le ma?

준비 다 했어요.

准备好了。Zhǔnbèi hǎo le.
준뻬이　하오　러

준비 다 했니?

准备好了吗?
Zhǔnbèi hǎo le ma?

아직이요.

还没。Hái méi.
하이　메이

022

☑ 외출 준비하기

마스크 써야 해.

022.mp3

要戴口罩。
Yào dài kǒuzhào.

要戴口罩。

Yào dài kǒuzhào.

야오　따이　커우쨔오

외출 준비를 하며 아이에게 마스크나 모자를 쓰라고 할 때 이 표현을 활용해 보세요. 要 yào는 동사 앞에 쓰여 '~해야 한다'라는 당부, 당위의 의미를 나타냅니다. 戴 dài는 '착용하다, 쓰다'라는 의미로, 안경, 모자, 마스크 등의 사물과 함께 씁니다.

要	戴	口罩
yào	dài	kǒuzhào
~해야 한다	착용하다	마스크

口罩
kǒuzhào
커우짜오

마스크

帽子
màozi
마오즈

모자

일상생활에 적용하기

마스크 써야 해.

要戴口罩。 Yào dài kǒuzhào.

네, 알겠어요.

모자 써야 해.

要戴帽子。 Yào dài màozi.

전 벌써 썼는걸요.

023

☑ 외출 준비하기
빨리빨리!

023.mp3

快点儿!
Kuài diǎnr!
콰이　디알

바쁜 아침 시간이나 시간이 촉박할 때, 아이에게 서두르라고 재촉할 때 이 표현을 쓸 수 있습니다. 快 kuài가 '빨리', 点儿 diǎnr이 '조금'이라는 뜻이므로, 직역하면 '조금 빨리'지만, '빨리 해.', '빨리빨리!', '서둘러!' 등으로 해석할 수 있습니다. 반대 의미인 '천천히!', '천천히 해.'는 '慢点儿! Màn diǎnr! [만 디얄]'이라고 말합니다.

快	点儿
kuài	diǎnr
빨리, 어서	조금

일상생활에 적용하기

빨리빨리!

快点儿!
Kuài diǎnr!

잠깐만요! 잠깐만요!

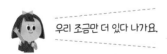

우리 조금만 더 있다 나가요.

이러다 우리 늦겠어! 빨리빨리!

快点儿!
Kuài diǎnr!

☑ 엘리베이터 타기

버튼 눌러 봐.

024.mp3

按一下。
Àn yíxià.

按一下。

Àn yíxià.

안 이씨아

아이들이 엘리베이터 버튼을 누르는 걸 참 좋아하죠? 엘리베이터 버튼이나 식당의 주문 벨, 방 안의 전등 스위치 등을 누르는 상황에서 이 표현을 사용해 보세요. 按 àn은 '(버튼, 스위치 등을) 누르다'라는 의미이고, 一下 yíxià는 '(동작을) 한번 해 보다', 즉, 해당 동작을 가볍게 해 보라고 권하는 의미를 나타냅니다.

按	一下
àn	yíxià
누르다	한번 ~해 보다

제가 누를래요.

버튼 눌러 봐.

按一下。 Àn yíxià.

전 이거 먹을래요.

그래, 주문하자. 벨 눌러 봐.

按一下。 Àn yíxià.

☑ 엘리베이터 타기

엘리베이터가 왔네.

025.mp3

电梯到了。
Diàntī dào le.

电梯到了。

Diàntī dào le.

띠엔티 따오 러

기다리던 엘리베이터가 도착했어요. 엘리베이터를 타기 전에 사용할 수 있는 표현이에요. 到 dào는 '(사람이나 사물이 목적지에) 도착하다, 이르다'라는 의미의 동사이고, 了 le는 동사 뒤에서 쓰여 동작이 완료됨을 나타냅니다. '엘리베이터' 대신 '택배'를 뜻하는 단어로 바꾸어 택배가 도착했을 때에도 활용해 보세요.

电梯	到	了
diàntī	dào	le
엘리베이터	도착하다	[완료를 나타냄]

电梯
diàntī 띠엔티

엘리베이터

快递
kuàidì 콰이띠

택배

일상생활에 적용하기

엘리베이터가 왔네.

电梯到了。 Diàntī dào le.

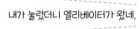
내가 눌렀더니 엘리베이터가 왔네.

택배가 왔어.

快递到了。 Kuàidì dào le.

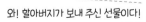
와! 할아버지가 보내 주신 선물이다!

☑ 날씨 이야기하기

비가 오네.

026.mp3

下雨了。

Xià yǔ le.

씨아 위 러

비나 눈이 오는 날에 집을 나서며, 또는 아이와 함께 날씨에 대해 이야기를 할 때 쓸 수 있는 표현입니다. 下 xià는 '(비나 눈 등이) 내리다'라는 의미를 나타내며, 이때 문장 뒤에 쓰인 了 le는 상황의 변화를 나타냅니다.

下	雨	了
xià	yǔ	le
(비나 눈이) 내리다	비	[변화를 나타냄]

비

雨
yǔ 위

눈

雪
xuě 쉬에

일상생활에 적용하기

비가 오네.

下雨了。 Xià yǔ le.

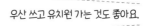
우산 쓰고 유치원 가는 것도 좋아요.

눈이 오네.

下雪了。 Xià xuě le.

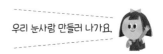
우리 눈사람 만들러 나가요.

☑ 배웅하기

선생님 말씀 잘 들어야 해.

027.mp3

要好好儿听老师的话。
Yào hǎohāor tīng lǎoshī de huà.

要好好儿听老师的话。

Yào hǎohāor tīng lǎoshī de huà.

야오　　하오하올　　팅　　라오스　더　화

유치원에 아이를 데려다주면서 유치원 생활과 관련한 당부를 하게 되는데요. 그럴 때 활용할 수 있는 표현입니다. 이 표현에서 要 yào는 '~해야 한다'라는 뜻으로 당부를 나타냅니다. 好好儿 hǎohāor은 '잘', '충분히', '제대로'라는 의미인데, 好 hǎo는 원래 3성이지만, 好好儿의 두 번째 好는 1성으로 발음하므로 주의해야 합니다. 听 tīng은 '듣다'라는 뜻이고, 老师的话 lǎoshī de huà는 '선생님의 말씀'입니다.

要	好好儿	听	老师	的	话
yào	hǎohāor	tīng	lǎoshī	de	huà
~해야 한다	잘, 제대로	듣다	선생님	~의	말, 말씀

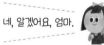

일상생활에 적용하기

선생님 말씀 잘 들어야 해.

要好好儿听老师的话。
Yào hǎohāor tīng lǎoshī de huà.

네, 알겠어요, 엄마.

친구들하고 재미있게 보내. 선생님 말씀 잘 듣고.

要好好儿听老师的话。
Yào hǎohāor tīng lǎoshī de huà.

네, 아빠.

028

☑ 배웅하기

이따 봐!

028.mp3

一会儿见!

Yíhuìr jiàn!

이훨   찌엔

이 표현은 짧은 시간이 경과한 후 다시 만날 것을 약속할 때 쓰는 인사말입니다. 유치원 앞이나 아이가 유치원 버스에 탑승할 때 등 유치원에 가는 아이를 배웅할 때 쓰기에 적합한 표현이에요. 一会儿 yíhuìr은 비교적 짧은 시간을 뜻하고, 见 jiàn은 '보다, 만나다'라는 뜻입니다. 특히 一会儿 yíhuìr을 발음할 때는 huì [후이]의 i [이]를 생략하고 r [얼]발음을 한다고 생각하고 음원을 들으며 연습해 보세요.

一会儿	见
yíhuìr	jiàn
잠시, 잠깐	만나다, 보다

ᒧ ᒧ ᒧ ᒧ ᒧ ᒧ ᒧ ᒧ ᒧ **일상생활에 적용하기** ᒧ ᒧ ᒧ ᒧ ᒧ ᒧ ᒧ ᒧ ᒧ

이따 봐!

一会儿见!
Yíhuìr jiàn!

네, 이따 만나요.

아빠 지금 가는 중이야. 이따 만나!

一会儿见!
Yíhuìr jiàn!

네, 빨리 오세요.

1
是。네, 그래요.
Shì. [스]

不是。아니요.
Bú shì. [부스]

2
好。좋아요.
Hǎo. [하오]

不好。안 좋아요.
Bù hǎo. [뿌 하오]

3
对。맞아요.
Duì. [뚜이]

不对。틀렸어요.
Bú duì. [부 뚜이]

1
谁? 누구세요?
Shéi?
[쉐이]

2
什么时候? 언제요?
Shénme shíhou?
[션머 스허우]

3
哪儿? 어디예요?
Nǎr?
[날]

4
怎么样? 어때요?
Zěnmeyàng?
[쩐머양]

5
好不好? 할래요? / 어때요?
Hǎo bu hǎo?
[하오 부 하오]

6
为什么? 왜요?
Wèishénme?
[웨이션머]

PART 4

하원 후 집에서

🎧 **MP3 듣기**

도서 페이지의 '자료실'을 터치하
면 MP3 파일을 바로 듣거나 전체
다운로드를 할 수 있습니다.

029

☑ 하원길에 이야기하기

오늘 유치원에서 즐거웠니?

029.mp3

今天在幼儿园开心吗?
Jīntiān zài yòu'éryuán kāixīn ma?

今天在幼儿园开心吗?

Jīntiān zài yòu'éryuán kāixīn ma?

찐티엔　　짜이　　요우얼위엔　　카이씬　　마

하원길에 아이에게 유치원에서 즐거운 시간을 보냈는지 물어볼 때 이 표현을 활용해 보세요. 今天 jīntiān은 '오늘'을 뜻합니다. 在 zài는 '~에서'라는 뜻을 지닌 전치사로, '유치원'을 뜻하는 幼儿园 yòu'éryuán과 함께 쓰여 '유치원에서'가 됩니다. '开心吗? kāixīn ma?'는 '즐거웠니?'라고 물어보는 표현입니다. 在 뒤의 장소를 바꾸면 하원길뿐만 아니라 다양한 장소에서 즐거운 시간을 보냈는지 물어볼 수 있습니다.

今天	在	幼儿园	开心	吗
jīntiān	zài	yòu'éryuán	kāixīn	ma
오늘	~에서	유치원	즐겁다	~니?

CCCCCCCCCC 일상생활에 적용하기 CCCCCCCCCCC

오늘 유치원에서 즐거웠니?

今天在幼儿园开心吗?
Jīntiān zài yòu'éryuán kāixīn ma?

너무 즐거웠어요.

오늘 유치원에서 즐겁게 보냈어?

今天在幼儿园开心吗?
Jīntiān zài yòu'éryuán kāixīn ma?

네! 친구랑 같이 놀았는데 정말 재미있었어요.

030

☑ 손 씻기

손 씻으러 가자.

030.mp3

去洗手吧。
Qù xǐ shǒu ba.

去洗手吧。
Qù xǐ shǒu ba.
취 씨 셔우 바

손 씻기와 같이 중요한 생활 습관은 하루에 한두 번씩 꼭 말하게 되기 때문에 일
상에서 반복적으로 들려주기 좋은 표현입니다. 이 표현 속의 동사는 '가다(去
qù)'와 '씻다(洗 xǐ)'로 두 개인데, 이처럼 동사가 두 개 이상 나올 때는 동작이 진
행되는 순서대로 나열하면 됩니다. 제시된 단어를 활용하여 다양한 표현을 연습
해 보세요.

去	洗	手	吧
qù	xǐ	shǒu	ba
가다	씻다	손	~하자

手
shǒu 셔우

손

脚
jiǎo 지야오

발

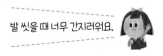

일상생활에 적용하기

손 씻으러 가자.

去洗手吧。 Qù xǐ shǒu ba.

네, 엄마.

발 씻으러 가자.

去洗脚吧。 Qù xǐ jiǎo ba.

발 씻을 때 너무 간지러워요.

031

☑ 간식 먹기
배고프니?

031.mp3

饿不饿?
È bú è?

으어 부 으어

간식을 먹기 전이나 밥을 먹기 전에 배고픈지 물어볼 때 언제든 쓸 수 있는 표현이에요. '배고프다'라는 뜻의 饿 è와 '배고프지 않다'라는 不饿 bú è를 나란히 쓴 것처럼, 술어(동사·형용사)의 긍정형과 부정형을 나열하여 의문문을 만들 수 있습니다. 이때는 吗 ma를 붙이지 않습니다. 不 bù는 원래 4성이지만, 饿 è와 같이 4성인 단어 앞에 위치할 때는 2성 bú로 발음합니다.

- 饿吗? È ma? [으어 마] 배고프니? [吗 의문문]
- 饿不饿? È bú è? [으어 부 으어] 배고프니? [긍정부정 의문문]

饿	不饿
è	bú è
배고프다	배고프지 않다

배고프니?

饿不饿?
È bú è?

너무 배고파요.

很饿。 Hěn è.
헌 으어

배고프니?

饿不饿?
È bú è?

배 안 고파요.

不饿。 Bú è.
부 으어

☑ 간식 먹기
간식 먹을까?

032.mp3

想吃零食吗?
Xiǎng chī língshí ma?

想吃零食吗?
Xiǎng chī língshí ma?
씨앙 　 츠 　 링스 　 마

아이가 좋아하는 간식 시간! 맛있는 간식을 먹기 전에 엄마와 중국어로 한마디 나누는 경험은 중국어와 더 친해지는 계기가 될 거예요. 동사 앞에 쓰이는 想 xiǎng은 '~하고 싶다'라는 의미로 희망, 바람을 나타냅니다. 문장 끝에 吗 ma를 붙여 '~하고 싶니?'라고 의견을 물을 때 이 표현을 활용해 보세요.

➕ '想……吗? xiǎng ~ ma?' 사이에 '마시다'라는 뜻의 동사 喝 hē [흐어]와 '물'이라는 뜻의 水 shuǐ [슈에이]를 넣어 새로운 표현을 만들 수 있습니다.

• 想喝水吗? Xiǎng hē shuǐ ma? [씨앙 흐어 슈에이 마] 물 마시고 싶니?

想	吃	零食	吗
xiǎng	chī	língshí	ma
~하고 싶다	먹다	간식	~니?

ᒐᒐᒐᒐᒐᒐᒐᒐᒐ **일상생활에 적용하기** ᒐᒐᒐᒐᒐᒐᒐᒐᒐ

간식 먹을까?

想吃零食吗?
Xiǎng chī língshí ma?

먹고 싶어요.

想吃。 Xiǎng chī.
씨앙　츠

간식 먹을까?

想吃零食吗?
Xiǎng chī língshí ma?

안 먹을래요.

不想吃。 Bù xiǎng chī.
뿌　씨앙　츠

☑ 간식 먹기

뜨거우니 조심해.

033.mp3

小心烫!

Xiǎoxīn tàng!

씨야오씬　　탕

방금 끓인 수프, 갓 구운 빵, 핫도그와 같이 뜨거울 수 있는 음식을 먹을 때 조심하라고 주의를 주는 표현이에요. 小心 xiǎoxīn은 한자 독음으로 읽으면 '소심'이라 우리말에서는 '소심하다, 소심한 성격' 등으로 사용하는 단어지만, 중국어로는 '조심하다'라는 뜻입니다. '~하니까 조심해', '~을 조심해'와 같이 목적어를 넣어 말할 때는 '小心烫 xiǎoxīn tàng(뜨거우니 조심해)'처럼 小心 뒤에 조심할 것을 말하면 됩니다.

小心	烫
xiǎoxīn	tàng
조심하다	뜨겁다

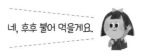
일상생활에 적용하기

방금 끓인 수프야. 뜨거우니 조심해.

小心烫!
Xiǎoxīn tàng!

네, 후후 불어 먹을게요.

뜨거우니 조심해.

小心烫!
Xiǎoxīn tàng!

네, 조심할게요.

☑ 간식 먹기

천천히 먹어.

034.mp3

慢点儿吃。
Màn diǎnr chī.

慢点儿吃。
Màn diǎnr chī.

만　디알　츠

음식을 급하게 먹는 아이에게 천천히 먹으라고 할 때나 준비한 음식을 권하며 천천히 맛있게 먹으라고 말할 때 사용할 수 있는 표현입니다. 慢点儿 màn diǎnr 은 '천천히', 吃 chī는 '먹다'라는 의미입니다. 먹는 대상이 국이나 수프, 음료일 때는 吃 chī 대신 '마시다'라는 뜻의 '喝 hē [흐어]'로 바꾸어 말할 수 있습니다.

• 慢点儿喝。Màn diǎnr hē. [만 디알 흐어] 천천히 마셔.

慢	点儿	吃
màn	diǎnr	chī
느리다	조금	먹다

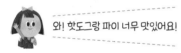
일상생활에 적용하기

와! 핫도그랑 파이 너무 맛있어요!

천천히 먹어.
慢点儿吃。
Màn diǎnr chī.

천천히 먹어.
慢点儿吃。
Màn diǎnr chī.

네, 천천히 먹을게요.

☑ 영상 보기
약속!

拉钩!
Lāgōu!

拉钩!
Lāgōu!
라꺼우

아이에게 영상을 보여 줄 때 정해진 시간을 약속하기도 하고, 그 외에도 일상 속에서 아이와 약속을 하는 상황이 종종 있죠? 그럴 때 이 표현을 활용해 보세요. 拉钩 lāgōu는 '손가락을 걸고 약속하다'라는 뜻을 나타냅니다. 표현을 들려줄 때 약속하는 동작과 함께 들려주세요.

➕ '약속했어!'라는 뜻의 또다른 표현도 알아두세요.

- 说好了。Shuōhǎo le. [슈어 하오 러] 약속했어!
- 答应了。Dāying le. [따잉 러] 약속했어!

拉钩

lāgōu

손가락을 걸고 약속하다

〰〰〰〰〰〰〰〰〰 **일상생활에 적용하기** 〰〰〰〰〰〰〰〰〰

약속!

拉钩!
Lāgōu!

약속!

아빠랑 약속한 거야. 약속!

拉钩!
Lāgōu!

알겠어요. 약속!

拉钩! Lāgōu!
라거우

036

☑ 영상 보기

딱 한 편만 보자.

036.mp3

只能看一个。
Zhǐ néng kàn yí ge.

只能看一个。

Zhǐ néng kàn yí ge.

즈 넝 칸 이 거

영상을 보여 주기 전에 사용할 수 있는 표현이에요. 只 zhǐ는 '단지, 다만'이라는 의미로, 말하는 동작이나 대상을 제한하는 역할을 하기 때문에 우리말의 '(딱) ~만'의 표현처럼 활용할 수 있습니다. 能 néng은 '~할 수 있다'라는 의미로, 동사 앞에 써서 동작의 가능성을 나타냅니다. 이 문장에서는 '보다'라는 뜻의 동사 看 kàn 앞에 있으므로 '볼 수 있다'라는 의미입니다. 숫자 1을 나타내는 一 yī는 원래 1성이지만, 여기서는 2성 yí로 발음하고, 숫자 뒤에 세는 단위인 个 ge는 '개'로 해석합니다.

只	能	看	一个
zhǐ	néng	kàn	yí ge
단지, 다만	~할 수 있다	보다	한 개

ꞇ ꞇ ꞇ ꞇ ꞇ ꞇ ꞇ ꞇ ꞇ ꞇ **일상생활에 적용하기** ꞇ ꞇ ꞇ ꞇ ꞇ ꞇ ꞇ ꞇ ꞇ ꞇ

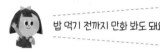
밥 먹기 전까지 만화 봐도 돼요?

딱 한 편만 보자.

只能看一个。
Zhǐ néng kàn yí ge.

DVD 보고 싶어요.

딱 한 편만 보는 거야.

只能看一个。
Zhǐ néng kàn yí ge.

037

☑ 영상 보기

시간 다 됐어.

037.mp3

时间到了。
Shíjiān dào le.

时间到了。
Shíjiān dào le.
스찌엔　　따오　러

올바른 미디어 시청 습관을 길러 주기 위해서 아이와 시청 시간을 약속하고 스스로 지키도록 하는데요, 영상 시청뿐만 아니라 다양한 상황에서 약속한 시간이 다 되었음을 알려 줄 때 이 표현을 쓸 수 있습니다. 时间 shíjiān은 '시간'을 나타내고, 到了 dào le는 '시간이 다 됐다'를 의미합니다.

时间	到	了
shíjiān	dào	le
시간	(시간이) 되다	[변화를 나타냄]

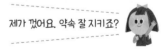

일상생활에 적용하기

시간 다 됐어.

时间到了。
Shíjiān dào le.

제가 껐어요. 약속 잘 지키죠?

시간 다 됐어.

时间到了。
Shíjiān dào le.

오늘은 하나만 더 보면 안 돼요?

038

리모컨이 어디 있지?

038.mp3

遥控器在哪儿?
Yáokòngqì zài nǎr?

遥控器在哪儿?

Yáokòngqì zài nǎr?

야오콩치　　짜이　　날

리모컨이나 휴대전화 같은 물건을 찾을 때 쓸 수 있는 표현입니다. 이 문장에서의 在 zài는 동사로 사물이나 사람이 '~에 있다'라는 뜻입니다. 在 zài 뒤에 '어디'라는 뜻의 의문대명사 哪儿 nǎr을 붙이면 '어디에 있지?'라는 표현이 되며, 哪儿 nǎr이 의문사이므로 문장 끝에 吗 ma를 붙이지 않아도 의문문이 됩니다. 리모컨 대신 다른 물건을 넣어 다양하게 활용해 보세요.

遥控器	在	哪儿
yáokòngqì	zài	nǎr
리모컨	~에 있다	어디

遥控器
yáokòngqì
야오콩치

리모컨

手机
shǒujī
셔우찌

휴대전화

일상생활에 적용하기

리모컨이 어디 있지?

遥控器在哪儿? Yáokòngqì zài nǎr?

여기 있어요.

휴대전화가 어디 있지?

手机在哪儿? Shǒujī zài nǎr?

식탁 위에 있어요.

039

☑ 통화하기

많이 보고 싶어.

039.mp3

好想你。
Hǎo xiǎng nǐ.

好想你。

Hǎo xiǎng nǐ.

하오　씨앙　니

아이와 통화할 때 애정을 듬뿍 담아 이렇게 말해 보세요. 好 hǎo는 여러 가지 뜻이 있는데, 이 표현에서는 '보고 싶다'라는 뜻의 동사 想 xiǎng 앞에서 '많이, 매우'라는 뜻으로 쓰였습니다.

好	想	你
hǎo	xiǎng	nǐ
많이	보고 싶다	너, 당신

ϾϾϾϾϾϾϾϾϾ **일상생활에 적용하기** ϾϾϾϾϾϾϾϾ

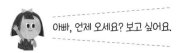
아빠, 언제 오세요? 보고 싶어요.

많이 보고 싶어.

好想你。
Hǎo xiǎng nǐ.

잘 놀고 있지? 많이 보고 싶어.

好想你。
Hǎo xiǎng nǐ.

저도요.

1 **我们定时间吧。** 우리 시간을 정하자.
Wǒmen dìng shíjiān ba. [워먼 띵 스찌엔 바]

2 **要坐直。** 똑바로 앉자.
Yào zuò zhí. [야오 쭈어 즈]

3 **坐远点儿。** 조금 뒤로 가서 앉으렴.
Zuò yuǎn diǎnr. [쭈어 위엔 디알]

1 **吃饭时, 不要乱动。** 밥 먹을 때는 돌아다니면 안 돼.
Chī fàn shí, búyào luàn dòng. [츠 판 스, 부야오 루안 똥]

2 **吃饭时, 不要做别的。** 밥 먹을 때는 다른 거 하지 마.
Chī fàn shí, búyào zuò bié de. [츠 판 스, 부야오 쭈어 비에 더]

3 **吃饭时, 不要发出声音。** 밥 먹을 때는 소리 내지 않고 먹는 거야.
Chī fàn shí, búyào fāchū shēngyīn. [츠 판 스, 부야오 퐈추 성인]

PART 5

아이와 놀이하기

🎧 MP3 듣기

도서 페이지의 '자료실'을 터치하
면 MP3 파일을 바로 듣거나 전체
다운로드를 할 수 있습니다.

040

☑ 찰흙 놀이
찰흙 놀이 할래?

040.mp3

想玩儿粘土吗?
Xiǎng wánr niántǔ ma?

想玩儿粘土吗?
Xiǎng wánr niántǔ ma?

씨앙 　 왈 　 니엔투 　 마

아이에게 찰흙 놀이를 하고 싶은지 중국어로 물어볼까요? '~하고 싶다'라는 뜻의 想 xiǎng 뒤에 '놀다'라는 뜻의 玩儿 wánr을 붙이면 '~놀이를 하고 싶다'라는 의미가 됩니다. 찰흙, 점토, 클레이 등을 모두 粘土 niántǔ라고 합니다. 찰흙 대신 다른 놀이나 활동을 넣어 문장을 만들 수도 있습니다.

想	玩儿	粘土	吗
xiǎng	wánr	niántǔ	ma
~하고 싶다	놀다	찰흙	~니?

粘土
niántǔ
니엔투

찰흙

涂色游戏
túsè yóuxì
투쓰어 요우씨

색칠 공부

찰흙 놀이 **할래?**

想玩儿粘土吗?
Xiǎng wánr niántǔ ma?

네, 좋아요.

색칠 공부 **할래?**

想玩儿涂色游戏吗?
Xiǎng wánr túsè yóuxì ma?

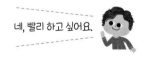

네, 빨리 하고 싶어요.

☑ 그림 그리기
이건 뭐니?

041.mp3

这是什么?
Zhè shì shénme?

쩌　스　　　셤머

아이가 자신이 그린 그림을 스스로 소개할 수 있도록 중국어로 말을 걸어 보세요. '이것은 ~입니다'라는 뜻의 '这是…… Zhè shì~' 문형의 목적어 자리에 '무엇'이라는 뜻의 什么 shénme를 넣으면 '이것은 무엇입니까?'라는 의문문이 됩니다. 什么 shénme가 의문문을 만드는 역할을 하기 때문에 문장 끝에는 吗 ma를 붙이지 않습니다.

这	是	什么
zhè	shì	shénme
이것	~이다	무엇

이건 뭐니?

这是什么?
Zhè shì shénme?

이건 치타예요.

이건 뭐야?

这是什么?
Zhè shì shénme?

이건 나비예요.

☑ 그림 그리기

최고야!

042.mp3

真棒!

Zhēn bàng!

쩐 빵

칭찬은 아이에게 자신감을 심어 주고 긍정적인 사고를 하게 합니다. 그림을 완성했을 때, 스스로 옷을 입었을 때, 동생에게 장난감을 양보했을 때 등 다양한 상황에서 이 표현을 쓸 수 있습니다. 오늘부터는 아이에게 중국어로 칭찬해 보세요.

真	棒
zhēn	bàng
정말, 진짜	훌륭하다, 대단하다

ʕʕʕʕʕʕʕʕʕʕ **일상생활에 적용하기** ʕʕʕʕʕʕʕʕʕ

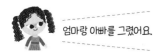
엄마랑 아빠를 그렸어요.

최고야!

真棒!
Zhēn bàng!

저 잘했죠?

대단해!

真棒!
Zhēn bàng!

☑ 색종이 놀이

우리 같이 종이접기 하자.

043.mp3

我们一起折纸吧。
Wǒmen yìqǐ zhézhǐ ba.

我们一起折纸吧。

Wǒmen yìqǐ zhézhǐ ba.

워먼   이치   즈어즈   바

아이와 함께 시간을 보낼 때 '우리 같이 ~하자'라는 말을 자주 쓰게 됩니다. 이 표현을 기억해 두면 놀이 시간뿐만 아니라 매우 다양한 상황에서 자주 쓸 수 있습니다.

- 我们一起吃饭吧。 Wǒmen yìqǐ chī fàn ba. [워먼 이치 츠 판 바] 우리 같이 밥 먹자.

我们	一起	折纸	吧
wǒmen	yìqǐ	zhézhǐ	ba
우리	같이, 함께	종이접기	~하자

 折纸
zhézhǐ 즈어즈
종이접기

 剪纸
jiǎn zhǐ 지엔즈
종이 오리기

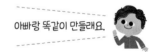
일상생활에 적용하기

우리 같이 종이접기 하자.
我们一起折纸吧。
Wǒmen yìqǐ zhézhǐ ba.

아빠랑 똑같이 만들래요.

우리 같이 종이 오리기 하자.
我们一起剪纸吧。
Wǒmen yìqǐ jiǎn zhǐ ba.

좋아요. 오늘은 꽃 만들래요.

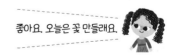

044

☑ 색종이 놀이

가위 좀 줄래?

044.mp3

给我剪刀，好吗?
Gěi wǒ jiǎndāo, hǎo ma?

给我剪刀，好吗?

Gěi wǒ jiǎndāo, hǎo ma?

게이　워　지엔따오　하오　마

아이와 놀이를 할 때나 일상생활 속에서 물건을 주고받을 일이 많습니다. 그때 이 표현을 활용해 보세요. 给我 gěi wǒ 뒤에 건네받을 물건을 말하면 '~을 줘(주세요)'라는 표현이 됩니다. 문장 끝에 '好吗? hǎo ma?'를 덧붙이면 '~해 줄래?'라는 부드러운 말투가 됩니다.

给	我	剪刀	好吗
gěi	wǒ	jiǎndāo	hǎo ma
주다	나	가위	~할래?

剪刀
jiǎndāo
지엔따오

가위

胶水
jiāoshuǐ
찌아오슈에이

풀

일상생활에 적용하기

가위 좀 줄래?

给我剪刀，好吗?
Gěi wǒ jiǎndāo, hǎo ma?

여기 있어요.

풀 좀 줄래?

给我胶水，好吗?
Gěi wǒ jiāoshuǐ, hǎo ma?

잠시만요.

☑ 블록 놀이

엄마는 기차를 만들었어.

045.mp3

妈妈做了火车。
Māma zuòle huǒchē.

妈妈做了火车。

Māma zuòle huǒchē.

마마　　쭈어 러　　후어츠어

아이와 함께 블록 놀이를 하며 여러 모형들을 만들다 보면 시간이 금세 지나갈 때가 있어요. 블록 놀이를 할 때 做了 zuòle 뒤에 사물 이름을 넣어 무엇을 만들었는지 아이에게 중국어로 이야기해 보세요.

- 我做了火车。Wǒ zuòle huǒchē. [워 쭈어 러 후어츠어] 저는 기차를 만들었어요.

妈妈	做	了	火车
māma	zuò	le	huǒchē
엄마	만들다	[동작의 완료를 나타냄]	기차

火车
huǒchē
후어츠어

기차

小汽车
xiǎoqìchē
씨야오치츠어

자동차

일상생활에 적용하기

엄마는 기차를 만들었어.

妈妈做了火车。
Māma zuòle huǒchē.

엄마보다 긴 기차를 만들래요!

아빠는 자동차를 만들었어.

爸爸做了小汽车。
Bàba zuòle xiǎoqìchē.

저는 집을 만들었어요.

046

☑ 블록 놀이

스스로 해 봐.

046.mp3

自己来吧。

Zìjǐ lái ba.

쯔지 라이 바

작은 일이라도 스스로 무언가를 할 수 있는 기회를 만들어 주는 것은 아이의 자립심 형성에 긍정적인 영향을 줍니다. 自己 zìjǐ는 '스스로', 来 lái는 '~을 하다'라는 뜻입니다. 문장 끝의 吧 ba는 '~해 봐'라는 제안이나 권유를 나타냅니다. 일상생활에서 자주 쓰는 표현인 만큼 통째로 외워서 아이에게 자주 말해 보세요.

自己	来	吧
zìjǐ	lái	ba
스스로	~하다	~해라[제안·권유를 나타냄]

ℂ ℂ ℂ ℂ ℂ ℂ ℂ ℂ ℂ **일상생활에 적용하기** ℂ ℂ ℂ ℂ ℂ ℂ ℂ ℂ

내가! 내가 할래요!

스스로 해 봐.

自己来吧。
Zìjǐ lái ba.

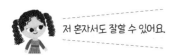
저 혼자서도 잘할 수 있어요.

스스로 해 봐.

自己来吧。
Zìjǐ lái ba.

☑ 블록 놀이

부숴도 될까?

047.mp3

可以推倒吗?

Kěyǐ tuīdǎo ma?

可以推倒吗?

Kěyǐ tuīdǎo ma?

커이 　 투이 다오 　 마

아이가 공들여 만든 블록 장난감은 해체하는 것 또한 아이의 결정이 중요하죠.
推倒는 '밀어 넘어뜨리다'라는 뜻입니다. 이처럼 상대방에게 해도 되는지 허락
또는 허가를 구할 때 '可以……吗? keyi ~ ma? ~해도 될까요?'라고 합니다.
대답은 긍정일 경우 '可以 kěyǐ [커이] 해도 돼요', 부정일 경우 '不可以 bù kěyǐ
[뿌 커이] 안 돼요'라고 합니다.

可以	推	倒	吗
kěyǐ	tuī	dǎo	ma
~해도 된다	밀다	쓰러뜨리다	~니?

꒰꒰꒰꒰꒰꒰꒰꒰꒰꒰ **일상생활에 적용하기** ꒱꒱꒱꒱꒱꒱꒱꒱꒱꒱

부숴도 될까?

可以推倒吗?
Kěyǐ tuīdǎo ma?

네.

可以! Kěyǐ!
커이

이제 블록 정리하자. 부숴도 될까?

可以推倒吗?
Kěyǐ tuīdǎo ma?

안 돼요.

不可以! Bù kěyǐ!
뿌 커이

048

우리 같이 정리하자.

048.mp3

我们一起整理吧。
Wŏmen yìqǐ zhěnglǐ ba.

我们一起整理吧。

Wǒmen yìqǐ zhěnglǐ ba.

워먼　　이치　　정리　　바

즐겁게 놀고 난 후 또는 어질러진 주변을 정리정돈할 때 쓰는 표현입니다. 앞서 색종이 놀이할 때 '우리 같이 종이접기 하자. 我们一起折纸吧。Wǒmen yìqǐ zhézhǐ ba.[043]'에서 익힌 '우리 같이 ~하자'라는 뜻의 '我们一起……吧。Wǒmen yìqǐ ~ ba.'에 동사만 '정리하다'라는 뜻의 整理 zhěnglǐ로 바꾸어 말하면 됩니다.

我们	一起	整理	吧
wǒmen	yìqǐ	zhěnglǐ	ba
우리	같이, 함께	정리하다	~하자

우리 같이 정리하자.

我们一起整理吧。
Wǒmen yìqǐ zhěnglǐ ba.

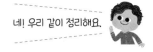

네! 우리 같이 정리해요.

우리 같이 정리하자.

我们一起整理吧。
Wǒmen yìqǐ zhěnglǐ ba.

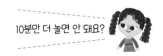

10분만 더 놀면 안 돼요?

☑ 보드게임

가위, 바위, 보!

049.mp3

石头、剪刀、布!
Shítou、jiǎndāo、bù!

石头、剪刀、布!
Shítou、jiǎndāo、bù!

스터우　　　지엔따오　　　뿌

게임을 시작하기 전에 가위바위보로 순서를 정해 볼까요? 가위바위보의 가위는 剪刀 jiǎndāo, 바위는 石头 shítou, 보는 布 bù라고 합니다. 우리말에서는 '가위-바위-보' 순서로 말하지만, 중국어는 '바위-가위-보'의 순서로 말합니다.

石头	剪刀	布
shítou	jiǎndāo	bù
바위	가위	보

일상생활에 적용하기

가위바위보로 순서 정할까? 가위, 바위, 보!

石头、剪刀、布!
Shítou、jiǎndāo、bù!

와! 제가 이겼어요.

뭐 낼지 준비됐어? 가위, 바위, 보!

石头、剪刀、布!
Shítou、jiǎndāo、bù!

잠시만요, 잠시만요.

050

☑ 보드게임

우리가 이겼다!

050.mp3

我们赢了!

Wǒmen yíng le!

워먼   잉   러

편을 나누어 하는 게임이나 경기에서 이겼을 때 쓸 수 있는 표현입니다. 我们 wǒmen은 '우리'를 뜻하고, 赢 yíng은 '이기다'라는 뜻입니다. 문장 끝의 了 le는 동작이 완료되었음을 나타냅니다. '내가 이겼어!'라고 표현할 때는 我们 wǒmen 대신 我 wǒ를 넣어 '我赢了! Wǒ yíng le! [워 잉 러]'라고 하면 됩니다. 또, 赢 yíng의 자리에는 반대말인 '지다'라는 뜻의 '输 shū [슈]'를 넣어 말할 수도 있습니다.

- 我赢了! Wǒ yíng le! [워 잉 러] 내가 이겼다!
- 我(们)输了。 Wǒ(men) shū le. [워(먼) 슈 러] 내가(우리가) 졌어요.

我们	赢	了
wǒmen	yíng	le
우리	이기다	[완료를 나타냄]

일상생활에 적용하기

우리가 이겼다!

我们赢了!
Wǒmen yíng le!

축하해요!

우리가 이겼다!

我们赢了!
Wǒmen yíng le!

신난다! 우리 또 해요.

1 **真了不起!** 대단해! / 최고야!
Zhēn liǎobuqǐ! [쩐 랴오부치]

2 **太出色了!** 정말 훌륭해!
Tài chūsè le! [타이 츄쓰어 러]

3 **今天表现得真好!** 오늘 너무 잘했어!
Jīntiān biǎoxiàn de zhēn hǎo! [찐티엔 비아오씨엔 더 쩐 하오]

1 **加油!** 파이팅!
Jiāyóu! [찌아요우]

2 **我支持你!** 난 네 편이야! / 응원해!
Wǒ zhīchí nǐ! [워 쯔츠 니]

3 **你一定能做好!** 넌 무조건 잘할 수 있어!
Nǐ yídìng néng zuòhǎo! [니 이띵 넝 쭈어 하오]

PART 6

이동할 때

 🎧 **MP3 듣기**

도서 페이지의 '자료실'을 터치하면 MP3 파일을 바로 듣거나 전체 다운로드를 할 수 있습니다.

☑ 외출하기

우리 쇼핑몰 가자.

051.mp3

我们去商场吧。
Wǒmen qù shāngchǎng ba.

我们去商场吧。

Wǒmen qù shāngchǎng ba.

워먼　　취　　샹챵　　바

아이와 함께 집을 나서며 활용할 수 있는 표현입니다. 去 qù는 '가다'라는 뜻이고, 商场 shāngchǎng은 '쇼핑몰'을 뜻합니다. 특정 장소로 이동하자고 말할 때 去 qù 뒤에 장소를 나타내는 단어를 넣어 문장을 만들 수 있습니다.

我们	去	商场	吧
wǒmen	qù	shāngchǎng	ba
우리	가다	쇼핑몰	~하자

商场
shāngchǎng
샹챵

쇼핑몰

动物园
dòngwùyuán
똥우위엔

동물원

일상생활에 적용하기

우리 쇼핑몰 가자.

我们去商场吧。
Wǒmen qù shāngchǎng ba.

신난다! 출발!

우리 동물원 가자.

我们去动物园吧。
Wǒmen qù dòngwùyuán ba.

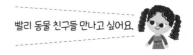

빨리 동물 친구들 만나고 싶어요.

052

☑ 차로 이동하기

차에 얼른 타.

052.mp3

快上车。
Kuài shàng chē.

콰이　　샹　　츠어

아이와의 외출은 항상 시간과의 싸움인 것 같아요. 서둘러야 할 때 행동을 나타내는 동사 앞에 快 kuài를 붙여 아이에게 시간의 촉박함을 알려 줄 수 있습니다. 上车 shàng chē는 '차에 타다'라는 뜻입니다. '차에서 내리다'라는 단어 下车 xià chē [씨아 츠어]도 함께 알아 두세요.

快	上车
kuài	shàng chē
빨리, 얼른	차에 타다

차에 얼른 타.

快上车。
Kuài shàng chē.

제가 먼저 탈게요.

차에 얼른 타.

快上车。
Kuài shàng chē.

네, 아빠.

053

안전벨트 매자.

053.mp3

系安全带吧。
Jì ānquándài ba.

系安全带吧。

Jì ānquándài ba.

찌 　 안취엔따이 　 바

조금 불편하더라도 안전을 위해서 차에 타면 우선 안전벨트부터 매도록 하는데요. 차에 탈 때마다 들려줄 수 있는 표현입니다. 系 jì는 '(끈이나 띠 등을) 매다'라는 뜻이고, '안전벨트'는 安全带 ānquándài라고 합니다. 단어 安全带를 살펴보면 '安全 ānquán [안취엔] 안전하다'와 '带 dài [따이] 띠, 벨트'로 이루어져 있습니다.

系	安全带	吧
jì	ānquándài	ba
(끈이나 띠를) 매다	안전벨트	~하자[제안·권유를 나타냄]

일상생활에 적용하기

안전벨트 매자.

系安全带吧。
Jì ānquándài ba.

엄마가 도와주세요.

안전벨트 매자.

系安全带吧。
Jì ānquándài ba.

혼자 할 수 있어요.

☑ 차로 이동하기

음악 들을래?

054.mp3

想听音乐吗?
Xiǎng tīng yīnyuè ma?

想听音乐吗?

Xiǎng tīng yīnyuè ma?

씨앙 팅 인위에 마

아이가 좋아하는 음악을 들으며 신나게 달려 볼까요? '간식 먹을까?'라는 의미
의 '想吃零食吗? Xiǎng chī língshí ma?[032]'와 같은 구조의 표현입니다. '듣고
싶다'라는 긍정의 대답은 '想 xiǎng [씨앙]' 또는 '想听 xiǎng tīng [씨앙 팅]', '듣고
싶지 않다'라는 부정의 대답은 '不想 bù xiǎng [뿌 씨앙]' 또는 '不想听 bù xiǎng
tīng [뿌 씨앙 팅]'이라고 합니다.

想	听	音乐	吗
xiǎng	tīng	yīnyuè	ma
~하고 싶다	듣다	음악	~니?

일상생활에 적용하기

음악 들을래?

想听音乐吗?
Xiǎng tīng yīnyuè ma?

듣고 싶어요.

想听。 Xiǎng tīng.
씨앙　　팅

음악 듣고 싶어?

想听音乐吗?
Xiǎng tīng yīnyuè ma?

듣고 싶지 않아요.

不想听。 Bù xiǎng tīng.
뿌　씨앙　　팅

055

창밖으로 손 내밀면 안 돼!

055.mp3

别把手伸出窗外!
Bié bǎ shǒu shēnchū chuāng wài!

别把手伸出窗外!

Bié bǎ shǒu shēnchū chuāng wài!

비에 바 셔우 션 츄 츄앙 와이

차를 타고 이동 중에 위험한 행동을 하지 않도록 주의를 주는 표현입니다. 別 bié 는 '~하면 안 돼'라는 뜻으로, 올바르지 않은 행동을 제재할 때 '別 bié + 행동'으로 표현합니다.

別	把	手	伸出	窗外
bié	bǎ	shǒu	shēnchū	chuāng wài
~하면 안 돼	~을	손	내밀다	창밖

手
shǒu 셔우

손

头
tóu 터우

머리

ccccccccc **일상생활에 적용하기** cccccccccc

창밖으로 손 내밀면 안 돼!

別把手伸出窗外!
Bié bǎ shǒu shēnchū chuāng wài!

네, 엄마.

창밖으로 머리 내밀면 안 돼!

別把头伸出窗外!
Bié bǎ tóu shēnchū chuāng wài!

네, 아빠.

056

056.mp3

☑ 대중교통으로 이동하기
지하철 타고 가자.

坐地铁去吧。
Zuò dìtiě qù ba.

坐地铁去吧。
Zuò dìtiě qù ba.
쭈어 띠티에 취 바

아이에게 타고 갈 교통수단을 중국어로 들려주세요. 坐 zuò는 원래 '앉다'라는 의미를 가지고 있지만, '坐 zuò + 교통수단'의 형태로 쓰이면 '(교통수단)을 타다'라는 의미가 됩니다.

坐	地铁	去	吧
zuò	dìtiě	qù	ba
타다	지하철	가다	~하자

地铁
dìtiě
띠티에

지하철

出租车
chūzūchē
츄주츠어

택시

일상생활에 적용하기

지하철 타고 가자.

坐地铁去吧。 Zuò dìtiě qù ba.

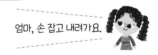

엄마, 손 잡고 내려가요.

택시 타고 가자.

坐出租车去吧。 Zuò chūzūchē qù ba.

네, 아빠.

057

☑ 대중교통으로 이동하기

줄 서서 타자.

057.mp3

排队上车吧。
Páiduì shàng chē ba.

排队上车吧。

Páiduì shàng chē ba.

파이뚜이　샹　츠어　바

144 엄마표 처음 중국어 100

아이에게 대중교통 이용 시 지켜야 할 예절을 가르쳐 줄 때 쓸 수 있는 표현입니다. 排队 páiduì는 '줄을 서다'라는 뜻이고, '上车 shàng chē'는 '차에 타다'라는 뜻입니다. 자동차, 택시, 버스, 지하철, 기차 등의 교통수단을 탈 때 사용할 수 있습니다. 반대말인 '下车 xià chē [씨아 츠어] 차에서 내리다'도 함께 알아 두세요.

排队	上车	吧
páiduì	shàng chē	ba
줄을 서다	차에 타다	~하자[제안·권유를 나타냄]

엄마, 지하철이 오고 있어요!
우리 빨리 타요.

줄 서서 타자.

排队上车吧。
Páiduì shàng chē ba.

줄 서서 타자.

排队上车吧。
Páiduì shàng chē ba.

네, 아빠.
한 사람씩, 차례차례 타야 하죠!

☑ 대중교통으로 이동하기

똑바로 앉아야지.

058.mp3

坐好!

Zuòhǎo!

쭈어 하오

호기심이 많은 아이들은 어느 곳에 가나 엉덩이가 들썩거리기 일쑤이죠. 바르게 앉으라고 주의를 줄 때 이렇게 말할 수 있습니다. 坐 zuò는 '앉다'라는 뜻이고, 好 hǎo는 '제대로, 잘'이라는 의미로, 앞의 동작을 잘 수행했음을 나타냅니다. 교통수단뿐만 아니라 음식점이나 공공장소 등에서도 사용할 수 있는 표현입니다.

坐	好
zuò	hǎo
앉다	제대로, 잘

ᑊ ᑊ ᑊ ᑊ ᑊ ᑊ ᑊ ᑊ ᑊ **일상생활에 적용하기** ᑊ ᑊ ᑊ ᑊ ᑊ ᑊ ᑊ ᑊ ᑊ

차 안에선 그러면 안 돼. **똑바로 앉아야지.**

坐好! Zuòhǎo!

네, 똑바로 앉을게요.

밥 먹을 땐 바른 자세로! **똑바로 앉자.**

坐好! Zuòhǎo!

네, 알겠어요.

059

☑ 도보로 이동하기
빨간불은 멈추고, 초록불은 출발!

059.mp3

红灯停，绿灯行。
Hóngdēng tíng, lǜdēng xíng.

红灯停，绿灯行。
Hóngdēng tíng, lǜdēng xíng.

홍떵　　　　　팅　　　　　뤼떵　　　씽

횡단보도에서 신호등이 보일 때마다 아이와 함께 중국어로 말해 보세요. 红灯 hóngdēng은 빨간불, 绿灯 lǜdēng은 초록불을 뜻하고, 停 tíng은 '(동작을) 멈추다', 行 xíng은 '(걸어)가다'라는 뜻을 나타냅니다. 이 표현을 활용하여 아이와 함께 집 안에서 상대방의 지시를 따라 '行 xíng'이 들리면 걷다가, '停 tíng'이 들리면 멈추는 놀이를 해 보세요.

红灯	停	绿灯	行
hóngdēng	tíng	lǜdēng	xíng
빨간불	(동작을) 멈추다	초록불	(걸어)가다

빨간불은 멈추고, 초록불은 출발!

红灯停，绿灯行。
Hóngdēng tíng, lǜdēng xíng.

초록불이에요. 출발!

길을 건널 땐 반드시 횡단보도로 건너야 해.
빨간불은 멈추고, 초록불은 출발!

红灯停，绿灯行。
Hóngdēng tíng, lǜdēng xíng.

네, 조심할게요.

060

060.mp3

☑ 도보로 이동하기
차 조심해!

小心车辆!
Xiǎoxīn chēliàng!

小心车辆!
Xiǎoxīn chēliàng!

시야오씬　　츠어리앙

횡단보도나 골목길 등에서 차를 조심하라고 주의를 주거나, 교통안전을 지도할 때 사용할 수 있는 표현입니다. 小心 xiǎoxīn은 '조심하다'라는 뜻이고, 车辆 chēliàng은 '차'라는 뜻으로, '뜨거우니 조심해!'라는 뜻의 '小心烫 xiǎoxīn tàng [시야오씬 탕]033'과 같은 구조의 표현입니다. '小心! Xiǎoxīn! [시야오씬]'을 단독으로 사용하면 '조심해!'라는 표현이 됩니다.

小心	车辆
xiǎoxīn	chēliàng
조심하다	차, 차량

ccccccccccc **일상생활에 적용하기** ccccccccc

차 조심해!

小心车辆!
Xiǎoxīn chēliàng!

네, 조심할게요!

차 조심해!

小心车辆!
Xiǎoxīn chēliàng!

네, 길 건널 땐 좌우를 살피고 건너요!

: 교통안전 관련 표현 더 알아보기

1 在地铁里, 不可以乱走。 지하철에선 함부로 돌아다니면 안 돼.
Zài dìtiě li, bù kěyǐ luàn zǒu. [짜이 띠티에 리, 뿌 커이 루안 저우]

2 举起手, 慢慢走。 (길을 건널 때) 손을 들고 천천히 건너는 거야.
Jǔqǐ shǒu, mànmàn zǒu. [쥐 치 셔우, 만만 저우]

3 车来了, 往后走一步。 차가 들어오니 뒤로 한 발짝 물러서렴.
Chē lái le, wǎng hòu zǒu yí bù. [츠어 라이 러, 왕 허우 저우 이 뿌]

: 안전 교육 관련 표현 더 알아보기

1 不可以跟陌生人说话。 낯선 사람과는 이야기하면 안돼.
Bù kěyǐ gēn mòshēngrén shuōhuà. [뿌 커이 껀 모셩런 슈어화]

2 不可以跟陌生人走。 낯선 사람을 따라가면 안돼.
Bù kěyǐ gēn mòshēngrén zǒu. [뿌 커이 껀 모셩런 저우]

3 不可以接受陌生人的礼物。 낯선 사람이 주는 선물은 받으면 안 돼.
Bù kěyǐ jiēshòu mòshēngrén de lǐwù. [뿌 커이 찌에셔우 모셩런 더 리우]

PART 7

안전 및 생활교육

🎧 **MP3 듣기**

도서 페이지의 '자료실'을 터치하
면 MP3 파일을 바로 듣거나 전체
다운로드를 할 수 있습니다.

061

☑ 안전 교육하기

우리 손잡고 가자.

061.mp3

我们牵手走吧。
Wǒmen qiānshǒu zǒu ba.

我们牵手走吧。

Wǒmen qiānshǒu zǒu ba.

워먼　　　치엔셔우　　　저우　　바

길을 걸을 때나, 사람이 많은 장소에서 사용할 수 있는 표현입니다. '우리 ~하자'라는 의미의 '我们……吧 wǒmen ~ ba [워먼 ~ 바]' 사이에 '손을 잡다'라는 뜻의 牵手 qiānshǒu와 '(걸어)가다'라는 뜻의 走 zǒu를 넣어 문장을 만들 수 있습니다. 아이의 손을 잡거나, 아이에게 손을 내미는 동작과 함께 들려주세요.

我们	牵手	走	吧
wǒmen	qiānshǒu	zǒu	ba
우리	손을 잡다	(걸어)가다	~하자

일상생활에 적용하기

저 혼자서 뛰어갈 수 있어요.

우리 손잡고 가자.
我们牵手走吧。
Wǒmen qiānshǒu zǒu ba.

아빠, 무서워요. 차가 쌩쌩 달려요.

우리 손잡고 가자.
我们牵手走吧。
Wǒmen qiānshǒu zǒu ba.

062

☑ 안전 교육하기
혼자 가면 안 돼!

062.mp3

别一个人走!
Bié yí ge rén zǒu!
비에 이 거 런 저우

집 밖에서 자주 사용할 수 있는 표현입니다. 別 bié는 '~하면 안 된다'라는 금지를 나타내고, 一个人 yí ge rén은 '혼자', 走 zǒu는 '(걸어)가다'라는 뜻입니다. 같은 문장이지만 어조를 어떻게 하느냐에 따라 표현의 느낌이 달라집니다. 아이에게 위험을 경고해야 하는 상황에서는 조금 더 강한 어조로 말해 주세요.

別	一个人	走
bié	yí ge rén	zǒu
~하면 안 돼	혼자	(걸어)가다

일상생활에 적용하기

와! 빨리 타야지.

혼자 가면 안 돼!

別一个人走!
Bié yí ge rén zǒu!

아가, 혼자 가면 안 돼!

宝宝，别一个人走!
Bǎobao, bié yí ge rén zǒu!

➕ 宝宝 대신 아이의 이름을 넣어
연습해 보세요.

아빠, 빨리 오세요.

063.mp3

다치지 않게 조심해!

注意安全!
Zhùyì ānquán!

注意安全!

Zhùyì ānquán!

쮸이　　안취엔

신나게 놀다가도 잠깐의 부주의로 다치는 일이 종종 발생하는데요. 아이 스스로도 조심할 수 있도록 당부할 때 이 표현을 사용해 보세요. 注意 zhùyì는 '조심하다'라는 뜻이고, 安全 ānquán은 '안전하다'라는 뜻입니다. 이 표현을 직역하면 '안전에 주의하다'로, 당부 또는 경고의 의미를 담고 있습니다.

注意	安全
zhùyì	ānquán
조심하다	안전하다

ccccccccccc **일상생활에 적용하기** ccccccccc

엄마, 저 여기까지 올라왔어요!

다치지 않게 조심해!

注意安全!
Zhùyì ānquán!

친구들이랑 신나게 뛰어 놀 거예요.

다치지 않게 조심해!

注意安全!
Zhùyì ānquán!

064.mp3

☑ 안전 교육하기

그러면 안 돼!

不可以这样做!

Bù kěyǐ zhèyàng zuò!

뿌   커이   쪄양   쭈어

때로는 부모의 단호함이 필요한 순간이 있죠. 不可以 bù kěyǐ는 '~하면 안 된다'라는 뜻이고, 这样 zhèyàng은 '이렇게', 做 zuò는 '(행동을) 하다'라는 뜻입니다. 아이가 하는 어떠한 행동을 단호하게 금지하는 상황에서 활용해 보세요.

不可以	这样	做
bù kěyǐ	zhèyàng	zuò
~하면 안 돼	이렇게	(행동을) 하다

일상생활에 적용하기

엄마, 저 여기에 매달려 있을 수 있어요.

그러면 안 돼!
不可以这样做!
Bù kěyǐ zhèyàng zuò!

아빠, 저 그네를 한 손으로 잡고 탈 수 있어요.

그러면 안 돼!
不可以这样做!
Bù kěyǐ zhèyàng zuò!

065

☑ 생활교육하기

좀 기다려.

065.mp3

等一下。
Děng yíxià.

等一下。

Děng yíxià.

덩   이씨아

이 표현을 활용해서 아이에게 차분하게 기다리는 법을 알려 주세요. 等 děng은 '기다리다'라는 뜻이고, 一下 yíxià는 동사 뒤에 쓰여 동작을 가볍게 행하는 것을 뜻합니다. 아이의 요청을 바로 들어줄 수 없을 때나, '기다려' 하고 말하는 다양한 상황에서 활용해 보세요.

等	一下
děng	yíxià
기다리다	좀 ~하다

일상생활에 적용하기

엄마, 빨리요. 저도 어서 타고 싶어요.

좀 기다려.

等一下。

Děng yíxià.

아빠, 풍선이 터졌어요. 다시 불어 주세요.

조금만 기다려.

等一下。

Děng yíxià.

☑ 생활교육하기

순서를 지켜야 돼.

066.mp3

要按顺序来。
Yào àn shùnxù lái.

要按顺序来。
Yào àn shùnxù lái.
야오 안 슌쉬 라이

아이가 차례 지키기를 잘할 수 있도록 교육할 때 활용할 수 있는 표현입니다. 이 표현에서 按 àn은 '(버튼 등을) 누르다[024]'라는 의미가 아니라, '~에 따라서', '~에 의해서', '~대로'라는 의미로 쓰였습니다. 来 lái 역시 '오다[072]'라는 의미가 아닌, '(어떠한 동작을) 하다'라는 뜻으로, 구체적인 동사 대신 쓰였습니다.

要	按	顺序	来
yào	àn	shùnxù	lái
~해야 한다	~에 따라	차례, 순서	~하다

c c c c c c c c c **일상생활에 적용하기** c c c c c c c c c c

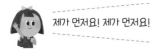
제가 먼저요! 제가 먼저요!

안 돼. 순서를 지켜야 돼.

要按顺序来。
Yào àn shùnxù lái.

순서를 지켜야 돼.

要按顺序来。
Yào àn shùnxù lái.

네, 제 차례를 기다릴게요.

☑ 생활교육하기

네 차례야.

067.mp3

轮到你了。
Lúndào nǐ le.

轮到你了。
Lúndào nǐ le.

룬 따오　　니 러

드디어 기다리던 우리 아이의 차례! 자기 차례가 올 때까지 잘 기다린 아이에게 말할 수 있는 표현입니다. 轮 lún의 기본 의미는 '바퀴' 또는 '바퀴처럼 둥근 사물'을 뜻하지만, 이 표현에서는 '(순서에 따라서) 차례가 돌아오다'라는 의미로 쓰였습니다. 자기 차례가 돌아와 기뻐할 아이의 모습을 상상하며 연습해 보세요.

轮到	你	了
lúndào	nǐ	le
차례가 되다	너, 당신	[변화를 나타냄]

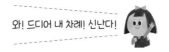
일상생활에 적용하기

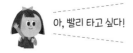
아, 빨리 타고 싶다!

네 차례야.

轮到你了。
Lúndào nǐ le.

네 차례야.

轮到你了。
Lúndào nǐ le.

와! 드디어 내 차례! 신난다!

☑ 생활교육하기

가방 챙기는 거 잊지 마.

068.mp3

别忘带你的包。
Bié wàng dài nǐ de bāo.

别忘带你的包。

Bié wàng dài nǐ de bāo.

비에 왕 따이 니 더 빠오

아이가 자신의 물건을 잃어버리지 않도록 살짝 귀띔해 줄 때 이 표현을 사용해 보세요. 忘 wàng은 '잊어버리다', 带 dài는 '(몸에) 지니다, 휴대하다'라는 뜻입니다. 的 de는 '~의'라는 뜻으로, 你的包 nǐ de bāo는 '너의 가방'이 됩니다. 가방 대신 다른 사물 단어를 넣어 문장을 만들 수 있습니다.

别	忘	带	你	的	包
bié	wàng	dài	nǐ	de	bāo
~하면 안 돼	잊어버리다	휴대하다	너, 당신	~의	가방

包
bāo 빠오

가방

雨伞
yǔsǎn 위싼

우산

일상생활에 적용하기

가방 챙기는 거 잊지 마.

别忘带你的包。
Bié wàng dài nǐ de bāo.

네, 엄마.

우산 챙기는 거 잊지 마.

别忘带你的雨伞。
Bié wàng dài nǐ de yǔsǎn.

당연하죠!

069

친구들과 사이좋게 지내야 해.

069.mp3

要跟朋友们好好儿相处。
Yào gēn péngyoumen hǎohāor xiāngchǔ.

要跟朋友们好好儿相处。

Yào gēn péngyoumen hǎohāor xiāngchǔ.

야오　　꺼　　　펑요우먼　　　하오하올　　　씨앙츄

아이는 오늘도 다른 사람들과 상호작용을 하며 무럭무럭 성장하고 있는데요. 친구와 놀 때, 유치원에 보내는 상황에서 아이에게 친구들과 잘 지내라고 말할 때 이 표현을 사용할 수 있습니다. 跟 gēn은 '~와/과'라는 뜻이고, 朋友们 péngyoumen은 '친구들'을 뜻합니다. 相处 xiāngchǔ는 사이좋게 어울려 지내는 것을 의미합니다.

要	跟	朋友们	好好儿	相处
yào	gēn	péngyoumen	hǎohāor	xiāngchǔ
~해야 한다	~와/과	친구들	잘, 제대로	사이좋게 지내다

ᴄ ᴄ ᴄ ᴄ ᴄ ᴄ ᴄ ᴄ ᴄ **일상생활에 적용하기** ᴄ ᴄ ᴄ ᴄ ᴄ ᴄ ᴄ ᴄ ᴄ

도연이랑 안 놀 거야!

친구들과 사이좋게 지내야 해.

要跟朋友们好好儿相处。
Yào gēn péngyoumen hǎohāor xiāngchǔ.

유치원 다녀오겠습니다.

친구들과 사이좋게 지내야 해.

要跟朋友们好好儿相处。
Yào gēn péngyoumen hǎohāor xiāngchǔ.

☑ 생활교육하기

친구한테 "고마워" 하고 말해야지.

070.mp3

要对朋友说："谢谢"。
Yào duì péngyou shuō: "Xièxie".

要对朋友说："谢谢"。
Yào duì péngyou shuō: "Xièxie".

야오　뚜이　　펑요우　　슈어　　씨에씨에

'고마워'라는 짧은 인사를 통해 아이가 감사하는 마음을 표현할 수 있도록 옆에서 함께 도와주세요. 对 duì는 '~에게'라는 뜻이고, 说 shuō는 '말하다'라는 뜻입니다. 谢谢 xièxie는 '고마워', '고맙습니다'라는 감사 인사입니다.

要	对	朋友	说	谢谢
yào	duì	péngyou	shuō	xièxie
~해야 한다	~에게	친구	말하다	고마워

일상생활에 적용하기

친구가 사탕을 줬어요.

맛있겠네. 친구한테 "고마워" 하고 말해야지.

要对朋友说：“谢谢”。
Yào duì péngyou shuō: "Xièxie".

친구가 양보해 줬네. 친구한테 "고마워" 하고 말해야지.

要对朋友说：“谢谢”。
Yào duì péngyou shuō: "Xièxie".

고마워, 친구야.

☑ 생활교육하기

친구한테 "미안해" 하고 말해야지.

071.mp3

要对朋友说："对不起"。
Yào duì péngyou shuō: "Duìbuqǐ".

要对朋友说："对不起"。
Yào duì péngyou shuō: "Duìbuqǐ".

야오　　뚜이　　　펑요우　　　슈어　　　뚜이부치

아이들은 종종 장난을 하다가 그릇된 행동을 하기도 하는데요, 아이가 자신의 미안한 마음을 표현할 수 있도록 도와주세요. '要对朋友说："谢谢" Yào duì péngyou shuō: "Xièxie".[070]'에서 인사말만 바꿔 주면 됩니다. 对不起 duìbuqǐ 는 '미안해', '죄송해요'라는 사과 표현입니다.

要	对	朋友	说	对不起
yào	duì	péngyou	shuō	duìbuqǐ
~해야 한다	~에게	친구	말하다	미안해

ᴄ ᴄ ᴄ ᴄ ᴄ ᴄ ᴄ ᴄ ᴄ ᴄ **일상생활에 적용하기** ᴄ ᴄ ᴄ ᴄ ᴄ ᴄ ᴄ ᴄ ᴄ ᴄ

친구한테 "미안해" 하고 말해야지.

要对朋友说："对不起"。
Yào duì péngyou shuō: "Duìbuqǐ".

내가 미안해.

친구를 밀면 안 돼! 친구한테 "미안해" 하고 말해야지.

要对朋友说："对不起"。
Yào duì péngyou shuō: "Duìbuqǐ".

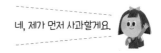

네, 제가 먼저 사과할게요.

☑ 생활교육하기

다음에 또 와서 놀자.

072.mp3

下次再来玩儿。
Xià cì zài lái wánr.

下次再来玩儿。
Xià cì zài lái wánr.
씨아 츠 짜이 라이 왈

아이가 놀이터나 키즈 카페, 동물원 등 재미있게 놀던 장소를 떠나기 아쉬워할 때 사용할 수 있는 표현입니다. 下次 xià cì는 '다음번', 再 zài는 '또, 다시'라는 뜻입니다. 이 표현에서 来 lái [라이]는 '오다'라는 동사로 쓰였습니다. '놀다'라는 뜻의 玩儿 wánr은 [왈]이라고 발음하면 됩니다.

➕ '오다' 来 lái의 반대말 '가다'는 '去 qù [취]'입니다.

下次	再	来	玩儿
xià cì	zài	lái	wánr
다음번	또, 다시	오다	놀다

ↄↄↄↄↄↄↄↄↄↄↄ 일상생활에 적용하기 ↄↄↄↄↄↄↄↄↄↄ

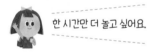
한 시간만 더 놀고 싶어요.

다음에 또 와서 놀자.
下次再来玩儿。
Xià cì zài lái wánr.

다음에 또 와서 놀자.
下次再来玩儿。
Xià cì zài lái wánr.

다음번엔 엄마랑도 같이 와요.

: 양보와 배려 관련 표현 더 알아보기

1 **你要让着弟弟(妹妹)吧。** 남동생(여동생)에게 양보해야지.

Nǐ yào ràngzhe dìdi(mèimei) ba. [니 야오 랑져 띠디(메이메이) 바]

2 **你们要互相道歉。** 둘이 서로 화해하렴.

Nǐmen yào hùxiāng dàoqiàn. [니먼 야오 후씨앙 따오치엔]

3 **你应该跟朋友们一起分享。** 친구들이랑 같이 나눠 쓰는 거야.

Nǐ yīnggāi gēn péngyoumen yìqǐ fēnxiǎng.
[니 잉까이 껀 펑요우먼 이치 풘씨앙]

: 공공장소 예절 관련 표현 더 알아보기

1 **嘘, 安静!** 쉿! 조용히 해야지.

Xū, ānjìng! [쉬, 안찡]

2 **不可以乱走。** 함부로 돌아다니면 안 돼.

Bù kěyǐ luàn zǒu. [뿌커이 루안 저우]

3 **不可以乱碰。** 아무거나 만지면 안 돼.(눈으로만 보는 거야.)

Bù kěyǐ luàn pèng. [뿌 크어이 루안 펑]

PART 8

아이와 외출하기

🎧 **MP3 듣기**

도서 페이지의 '자료실'을 터치하
면 MP3 파일을 바로 듣거나 전체
다운로드를 할 수 있습니다.

☑ 몸 상태 살피기

073

아프니?

073.mp3

疼吗?

Téng ma?

텅   마

아이가 갑자기 아플 때면 당혹감을 감출 수가 없죠. 이 표현을 활용하여 아이의 건강 상태를 수시로 체크해 보세요. '아프다'라는 뜻의 疼 téng 뒤에 물어보는 표현을 만드는 吗 ma만 붙이면 됩니다. 아플 때는 '很疼 hěn téng [헌 텅]', 아프지 않을 때는 '不疼 bù téng [뿌 텅]'이라고 대답합니다.

疼	吗
téng	ma
아프다	~니?

일상생활에 적용하기

아프니?
疼吗? Téng ma?

아파요.
很疼。 Hěn téng.
헌   텅

아까 넘어진 데가 어디야? 아프니?
疼吗? Téng ma?

안 아파요.
不疼。 Bù téng.
뿌   텅

074

☑ 몸 상태 살피기

체온 좀 재 보자.

074.mp3

量一下体温。

Liáng yíxià tǐwēn.

量一下体温。

Liáng yíxià tǐwēn.

리앙   이씨아   티원

아이가 아플 때나 병원 놀이를 할 때 활용해 보세요. 量 liáng은 '(길이, 크기, 무게 등을) 재다, 측정하다'라는 의미입니다. '체온'을 뜻하는 体温 tǐwēn 대신 '체중'을 뜻하는 体重 tǐzhòng을 넣어 몸무게를 잴 때도 말할 수 있습니다.

➕ 量 liáng 대신 '재다'라는 뜻의 단어 測 cè [츠어]를 사용해도 됩니다.

量	一下	体温
liáng	yíxià	tǐwēn
재다	좀 ~하다	체온

体温
tǐwēn 티원
체온

体重
tǐzhòng 티쫑
체중

일상생활에 적용하기

엄마, 저 아파요.

체온 좀 재 보자.
量一下体温。 Liáng yíxià tǐwēn.

체중 좀 재 보자.
量一下体重。 Liáng yíxià tǐzhòng.

이렇게 발 모양 위에 서는 거 맞죠?

☑ 몸 상태 살피기

우리 병원에 가야겠어.

075.mp3

我们得去医院。

Wǒmen děi qù yīyuàn.

워먼　데이　취　이위엔

아이를 데리고 병원이나 약국에 가야 할 때 사용할 수 있는 표현입니다. 이 표현에서 得 děi는 동사 앞에 쓰여 '마땅히 ~해야 한다'라는 의미를 나타냅니다.

我们	得	去	医院
wǒmen	děi	qù	yīyuàn
우리	마땅히 ~해야 한다	가다	병원

医院
yīyuàn
이위엔

병원

药店
yàodiàn
야오띠엔

약국

일상생활에 적용하기

엄마, 너무 아파요.

우리 병원에 가야겠어.

我们得去医院。 Wǒmen děi qù yīyuàn.

아빠, 저 여기 다쳤어요.

집에 반창고가 없네. 우리 약국에 가야겠어.

我们得去药店。 Wǒmen děi qù yàodiàn.

076

☑ 병원에서
정말 대단해!

076.mp3

太棒了!
Tài bàng le!
타이 빵 러

이 표현은 병원에서 주사를 잘 맞았을 때, 길에서 넘어지고도 울지 않을 때, 동생이나 친구에게 무언가를 양보할 때 등 아이를 칭찬하는 상황에서 두루 쓸 수 있습니다. '太⋯⋯了 tài ~ le'는 '정말 ~하다'라는 표현이고, 棒 bàng은 '대단하다'라는 뜻입니다. '최고야!', '대단해!', '훌륭해!', '잘한다!' 등으로 해석할 수 있습니다.

太⋯⋯了	棒
tài ~ le	bàng
정말 ~하다	대단하다

일상생활에 적용하기

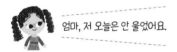
엄마, 저 오늘은 안 울었어요.

정말 대단해!

太棒了!
Tài bàng le!

아빠, 저 혼자서도 잘 해냈어요!

정말 대단해!

太棒了!
Tài bàng le!

077

☑ 마트에서

마트에 도착했네.

077.mp3

到超市了。
Dào chāoshì le.

到超市了。

Dào chāoshì le.

따오 챠오스 러

목적지에 도착했다고 말할 때 쓸 수 있는 표현입니다. '도착하다'라는 의미의 동사 到 dào는 뒤에 목적어를 가질 수도 있고, 가지지 않을 수도 있습니다. 이 표현과 같이 도착지를 함께 말할 경우, 도착지는 동사 到 dào 뒤에 위치합니다. '到……了 dào ~ le'의 형태로 쓰여 어느 장소에 도착했음을 표현할 수 있습니다.

到……了	超市
dào ~ le	chāoshì
도착했다	마트, 슈퍼마켓

超市
chāoshì 챠오스

마트, 슈퍼마켓

饭馆儿
fànguǎnr
판구알

식당

일상생활에 적용하기

마트에 도착했네.

到超市了。 Dào chāoshì le.

드디어 도착이다!

식당에 도착했네.

到饭馆儿了。 Dào fànguǎnr le.

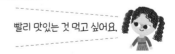

빨리 맛있는 것 먹고 싶어요.

☑ 마트에서

우리 사과 사자.

078.mp3

我们买苹果吧。
Wǒmen mǎi píngguǒ ba.

我们买苹果吧。

Wǒmen mǎi píngguǒ ba.

워먼　　마이　　핑구어　　바

마트나 백화점에서, 또는 마트에 가기 전 아이에게 살 물건을 알려주는 표현입니다. 买 mǎi는 '사다'라는 뜻이고, 苹果 píngguǒ는 '사과'를 뜻합니다. 사과 대신 다른 물건의 이름을 넣어 활용해 보세요.

我们	买	苹果	吧
wǒmen	mǎi	píngguǒ	ba
우리	사다	사과	~하자

苹果
píngguǒ
핑구어

사과

草莓
cǎoméi
차오메이

딸기

일상생활에 적용하기

내가 좋아하는 사과다!

우리 사과 사자.

我们买苹果吧。
Wǒmen mǎi píngguǒ ba.

아빠, 또 뭐 살 거예요?

우리 딸기 사자.

我们买草莓吧。
Wǒmen mǎi cǎoméi ba.

☑ 마트에서

딱 하나만 골라 봐.

079.mp3

只能挑一个。
Zhǐ néng tiāo yí ge.

只能挑一个。

Zhǐ néng tiāo yí ge.

즈 넝 티야오 이 거

마트에서 장난감이나 과자 등을 다 사 달라고 조르는 아이 때문에 곤란할 때가 종종 있죠. 여러 가지 중에 한 개만 고르도록 할 때 이 표현을 활용해 보세요. 挑 tiāo는 '고르다'라는 뜻이고, 一个 yí ge는 '한 개'라는 뜻입니다.

➕ 一 yī 대신 20쪽 준비학습에 있는 다른 숫자를 넣어 문장을 만들 수 있습니다. 이때 '두 개'는 两个 liǎng ge [량 거]라고 표현해야 합니다.

只	能	挑	一个
zhǐ	néng	tiāo	yí ge
단지, 다만	~할 수 있다	고르다	한 개, 하나

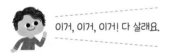

일상생활에 적용하기

이거, 이거, 이거! 다 살래요.

딱 하나만 골라 봐.

只能挑一个。
Zhǐ néng tiāo yí ge.

집에 많이 있잖니. 딱 하나만 골라 봐.

只能挑一个。
Zhǐ néng tiāo yí ge.

네, 알겠어요.

☑ 마트에서

주스 마실래, 요거트 마실래?

080.mp3

想喝果汁还是酸奶?
Xiǎng hē guǒzhī háishi suānnǎi?

想喝果汁还是酸奶?

Xiǎng hē guǒzhī háishi suānnǎi?

씨앙   흐어   구어즈   하이스   쑤안나이

아이가 스스로 원하는 것을 고르게 할 때 사용할 수 있는 표현입니다. 还是 háishi는 '아니면, 또는'이라는 뜻으로, 'A还是B?' 형태로 쓰여 'A할래, 아니면 B할래?'와 같이 두 가지의 선택 사항을 제시할 때 사용합니다. 대답을 할 때는 제시된 보기 둘 중 하나를 골라 대답하면 됩니다.

想	喝	果汁	还是	酸奶
xiǎng	hē	guǒzhī	háishi	suānnǎi
~하고 싶다	마시다	주스	아니면, 또는	요거트

ᴄ ᴄ ᴄ ᴄ ᴄ ᴄ ᴄ ᴄ ᴄ ᴄ ᴄ **일상생활에 적용하기** ᴄ ᴄ ᴄ ᴄ ᴄ ᴄ ᴄ ᴄ ᴄ ᴄ

주스 마실래, 요거트 마실래?

想喝果汁还是酸奶?
Xiǎng hē guǒzhī háishi suānnǎi?

주스요.

果汁。 Guǒzhī.

주스 마실래, 요거트 마실래?

想喝果汁还是酸奶?
Xiǎng hē guǒzhī háishi suānnǎi?

요거트요.

酸奶。 Suānnǎi.

☑ 공공장소에서
작은 소리로 말해야지.

081.mp3

小声点儿。
Xiǎo shēng diǎnr.

小声点儿。
Xiǎo shēng diǎnr.

씨야오　　성　　디알

도서관이나 영화관 등 공공장소에서 큰 소리로 말하는 아이를 타이를 때 쓸 수 있는 표현입니다. '작은 소리'를 의미하는 小声 xiǎo shēng 뒤에 '좀, 조금'을 나타내는 点儿 diǎnr이 붙어 '작은 소리로 말해야지.', '조용히 하자.', '목소리 낮추자.'와 같은 의미를 나타냅니다.

小声	点儿
xiǎo shēng	diǎnr
작은 소리	좀, 조금

ℓℓℓℓℓℓℓℓℓ **일상생활에 적용하기** ℓℓℓℓℓℓℓℓℓ

아빠, 제가 이 책 읽어 볼게요.

여긴 도서관이잖니. 작은 소리로 말해야지.

小声点儿。
Xiǎo shēng diǎnr.

쉿! 작은 소리로 말해야지.

小声点儿。
Xiǎo shēng diǎnr.

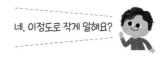

네, 이정도로 작게 말해요?

082

☑ 공공장소에서
뛰어다니면 안 돼!

082.mp3

别乱跑!
Bié luàn pǎo!

비에   루안   파오

집 안이나 공공장소 등에서 뛰어다니는 아이에게 주의를 줄 때 사용할 수 있는 표현입니다. 乱 luàn은 '함부로, 제멋대로'라는 뜻으로, 주로 '乱 luàn + 동사'의 형태로 쓰여 '함부로 ~하다', '제멋대로 ~하다'라는 의미를 나타냅니다. 이 문장에서는 '뛰다, 달리다'라는 뜻의 跑 pǎo와 함께 쓰였습니다.

别	乱	跑
bié	luàn	pǎo
~하면 안 돼	함부로, 제멋대로	뛰다, 달리다

ㄷㄷㄷㄷㄷㄷㄷㄷㄷㄷ **일상생활에 적용하기** ㄷㄷㄷㄷㄷㄷㄷㄷㄷ

여긴 실내잖니. 뛰어다니면 안 돼요!

别乱跑! Bié luàn pǎo!

네, 잘못했어요.

주차장은 위험해! 뛰어다니면 안 돼요!

别乱跑! Bié luàn pǎo!

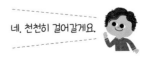

네, 천천히 걸어갈게요.

☑ 미용실에서

머리 자르러 가자.

083.mp3

我们去剪头发吧。
Wǒmen qù jiǎn tóufa ba.

我们去剪头发吧。

Wǒmen qù jiǎn tóufa ba.

워먼　　취　　지엔　　터우퐈　　바

미용실에 가기 전에 이렇게 말해 보세요. 이 표현에는 '가다'라는 의미의 去 qù, '(머리를) 자르다'라는 의미의 剪 jiǎn, 두 개의 동사가 나오는데, 동작의 진행 순서에 따라 去剪头发 qù jiǎn tóufa라고 말하면 됩니다.

我们	去	剪	头发	吧
wǒmen	qù	jiǎn	tóufa	ba
우리	가다	자르다	머리카락	~하자

剪
jiǎn 지엔

자르다

烫
tàng 탕

파마하다

일상생활에 적용하기

머리 자르러 가자.

我们去剪头发吧。
Wǒmen qù jiǎn tóufa ba.

멋진 형아같이 잘라 주세요.

뽀글머리 해 보고 싶어요.

더 예뻐지겠는걸? 우리 머리 파마하러 가자.

我们去烫头发吧。
Wǒmen qù tàng tóufa ba.

084

☑ 미용실에서

마음에 드니?

084.mp3

喜欢吗?

Xǐhuan ma?

씨환   마

머리 모양뿐만 아니라 여러 상황에서 아이에게 마음에 드는지 물어볼 수 있는 표현이에요. 감정을 나타내는 동사 喜欢 xǐhuan은 우리말로 '좋아하다', '마음에 들다', '호감을 가지다' 등의 의미를 나타냅니다. 대답은 마음에 들 경우 '很喜欢 hěn xǐhuan [헌 씨환]'이라고 하고, 마음에 들지 않을 경우 '不喜欢 bù xǐhuan [뿌 씨환]'이라고 말합니다.

喜欢	吗
xǐhuan	ma
마음에 들다	~니?

마음에 드니?

喜欢吗?
Xǐhuan ma?

진짜 마음에 들어요.

很喜欢。 Hěn xǐhuan.
헌　　씨환

마음에 드니?

喜欢吗?
Xǐhuan ma?

마음에 안 들어요.

不喜欢。 Bù xǐhuan.
뿌　　씨환

: 아이를 안심시키는 표현 더 알아보기

1 **好了，好了!** 다 됐다! (다 끝났어!)
Hǎo le, hǎo le! [하오 러, 하오 러]

2 **马上就好了!** 곧 끝나. / 거의 다 됐어.
Mǎshàng jiù hǎo le! [마샹 찌우 하올 러]

3 **没事儿的，放松!** 괜찮아, 편하게! (긴장 풀어)
Méishìr de, fàngsōng! [메이 셜 더, 팡쏭]

: 아이를 달래는 표현 더 알아보기

1 **已经有很多了。** 이미 많이 있잖니.
Yǐjīng yǒu hěn duō le. [이찡 요우 헌 뚜어 러]

2 **下次再给你买。** 다음에 사 줄게.
Xià cì zài gěi nǐ mǎi. [씨아 츠 짜이 게이 니 마이]

3 **生日的时候给你买。** 생일 때 사 줄게.
Shēngrì de shíhou gěi nǐ mǎi. [셩르 더 스호우 게이 니 마이]

PART 9

잘 준비하기

 🎧 **MP3 듣기**

도서 페이지의 '자료실'을 터치하면 MP3 파일을 바로 듣거나 전체 다운로드를 할 수 있습니다.

☑ 목욕하기

목욕하러 가자.

085.mp3

去洗澡吧。
Qù xǐzǎo ba.

去洗澡吧。

Qù xǐzǎo ba.

취 씨 자오 바

신나게 뛰어놀고 땀도 많이 흘렸으니 자기 전에 목욕을 해야죠. 중국어에서는 '목욕하다'와 '샤워하다' 모두 洗澡 xǐzǎo 단어 하나로 말하기 때문에, 가볍게 샤워를 하거나 물을 받아 목욕을 할 때 모두 사용할 수 있는 표현입니다.

去	洗澡	吧
qù	xǐzǎo	ba
가다	목욕하다, 샤워하다	~하자[제안·권유를 나타냄]

일상생활에 적용하기

목욕하러 가자.

去洗澡吧。
Qù xǐzǎo ba.

거품 목욕 해도 돼요?

목욕하러 가자.

去洗澡吧。
Qù xǐzǎo ba.

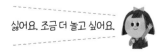

싫어요. 조금 더 놀고 싶어요.

☑ 목욕하기

혼자 양말 벗을 수 있지?

086.mp3

自己能脱袜子吧?

Zìjǐ néng tuō wàzi ba?

自己能脱袜子吧?

Zìjǐ néng tuō wàzi ba?

쯔지 넝 투어 와즈 바

목욕하기 전 옷을 벗을 때나 옷을 갈아입을 때 아이가 스스로 할 수 있는 것을 맡기며 이 표현을 들려주세요. 脱 tuō는 '벗다'라는 뜻입니다. '양말을 벗다'라는 표현은 脱袜子 tuō wàzi라고 합니다. 또한, 이 표현에서 吧 ba는 '~지?'라는 의미로, 확인하는 어조를 나타냅니다.

自己	能	脱	袜子	吧
zìjǐ	néng	tuō	wàzi	ba
스스로	~할 수 있다	벗다	양말	~지?

袜子
wàzi 와즈

양말

裤子
kùzi 쿠즈

바지

일상생활에 적용하기

혼자 양말 벗을 수 있지?

自己能脱袜子吧?
Zìjǐ néng tuō wàzi ba?

네, 할 수 있어요.

혼자 바지 벗을 수 있지?

自己能脱裤子吧?
Zìjǐ néng tuō kùzi ba?

그럼요. 이제 혼자서도 잘해요.

☑ 목욕하기

머리 말리자.

087.mp3

吹头发吧。
Chuī tóufa ba.

吹头发吧。

Chuī tóufa ba.

츄이　　터우퐈　　바

머리를 말릴 때 사용하는 표현입니다. 吹 chuī는 '(바람이) 불다'라는 뜻이고, 头发 tóufa는 '머리카락'이라는 뜻입니다. 吹 chuī는 '입으로 힘껏 불다'라는 뜻도 있어서 생일 케이크 등의 초를 불자고 말할 때도 사용할 수 있습니다.

- 吹蜡烛吧。Chuī làzhú ba. [츄이 라쮸 바] 촛불 끄자.

吹	头发	吧
chuī	tóufa	ba
(바람이) 불다	머리카락	~하자[제안·권유를 나타냄]

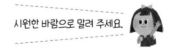

일상생활에 적용하기

머리 말리자.

吹头发吧。 Chuī tóufa ba.

시원한 바람으로 말려 주세요.

머리 말리자. 안 그러면 감기 걸려.

吹头发吧。 Chuī tóufa ba.

빨리 말려 주세요.

☑ 목욕하기

로션 바르자.

088.mp3

擦乳液吧。
Cā rǔyè ba.
차　루예　바

로션도 잊지 말고 발라야겠죠? 擦 cā는 '바르다, 문지르다'라는 뜻을 가지고 있습니다. 로션, 크림, 선크림과 같이 대부분의 화장품은 동사로 擦 cā를 활용합니다. 또, 擦 cā는 '(천이나 수건으로) 닦다'라는 의미도 가지고 있습니다.

擦	乳液	吧
cā	rǔyè	ba
(화장품 등을) 바르다	로션	~하자[제안·권유를 나타냄]

乳液
rǔyè
루예

로션

防晒霜
fángshàishuāng
팡샤이슈앙

선크림

일상생활에 적용하기

로션 바르자.

擦乳液吧。 Cā rǔyè ba.

예쁘게 발라 주세요.

선크림 바르자.

擦防晒霜吧。 Cā fángshàishuāng ba.

제가 발라 볼래요.

089

☑ 잠들기 전에
치카치카 하자.

089.mp3

刷刷牙。
Shuāshua yá.

刷刷牙。

Shuāshua yá.

슈아 슈아　　야

양치할 때 이 표현을 활용해 보세요. 刷 shuā는 '솔질을 하다'라는 뜻이고, 뒤에 '치아'를 뜻하는 단어 牙 yá를 붙이면 '이를 닦다'라는 표현인 '刷牙 shuā yá가 됩니다. 刷刷 shuāshua는 동사를 두 번 반복하여 동작의 가벼운 느낌을 나타냅니다. 재미있는 점은 '이를 닦다'라는 뜻의 刷牙 shuā yá를 거꾸로 하면 '칫솔'을 뜻하는 단어 牙刷 yáshuā [야슈아]가 됩니다.

刷	牙
shuā	yá
(솔로) 닦다	치아

치카치카 하자.

刷刷牙。 Shuāshua yá.

치카치카!

양치하자.

刷刷牙。 Shuāshua yá.

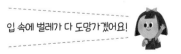

입 속에 벌레가 다 도망가겠어요!

☑ 잠들기 전에
우리 책 읽을까?

090.mp3

我们一起看书，好不好?
Wǒmen yìqǐ kàn shū, hǎo bù hǎo?

我们一起看书，好不好?
Wǒmen yìqǐ kàn shū, hǎo bù hǎo?

워먼　　이치　칸　슈　　하오　뿌　하오

이 표현은 활용해서 아이에게 잠자기 전에 책을 읽고 싶은지 물어보세요. 看 kàn은 '보다'라는 뜻이고, 书 shū는 '책'을 뜻합니다. 문장 맨 뒤에 쓰이는 '好不好? hǎo bù hǎo?'는 '好吗? hǎo ma? [하오 마?]⁰⁴⁴'와 같이 '~해 줄래?', '~할래?', '~어때?'라는 의미로, 의향을 물어볼 때 쓸 수 있습니다.

我们	一起	看	书	好不好
wǒmen	yìqǐ	kàn	shū	hǎo bù hǎo
우리	같이, 함께	보다	책	~할래?

일상생활에 적용하기

우리 책 읽을까?

我们一起看书，好不好？
Wǒmen yìqǐ kàn shū, hǎo bù hǎo?

제가 읽고 싶은 책 가지고 올게요.

우리 책 읽을까?

我们一起看书，好不好？
Wǒmen yìqǐ kàn shū, hǎo bù hǎo?

네, 오늘은 두 권 읽을래요.

091.mp3

☑ 잠들기 전에
쉬하고 싶니?

想尿尿吗?
Xiǎng niào niào ma?

想尿尿吗?

Xiǎng niào niào ma?

씨앙   니야오   니야오   마

꼭 잠들기 전이 아니더라도 아이에게 '쉬하고 싶니?'라고 물어볼 때 이 표현을 활용하면 됩니다. 尿 niào는 명사로서 '오줌, 소변', 동사로서 '(오줌을) 누다, (소변을) 보다'의 두 가지 뜻을 가지고 있습니다. 이 표현의 첫 번째 尿 niào는 '누다'라는 동사, 두 번째 尿 niào는 '오줌'이라는 명사로 쓰였습니다.

想	尿	尿	吗
xiǎng	niào	niào	ma
~하고 싶다	(오줌을) 누다	오줌	~니?

쉬하고 싶니?

想尿尿吗?
Xiǎng niào niào ma?

쉬하고 싶어요.

想尿。 Xiǎng niào.
씨앙   니야오

쉬하고 싶어?

想尿尿吗?
Xiǎng niào niào ma?

쉬하고 싶지 않아요.

不想尿。 Bù xiǎng niào.
뿌   씨앙   니야오

☑ 잠들기 전에
재워 줄게.

哄你睡觉吧。
Hǒng nǐ shuìjiào ba.

哄你睡觉吧。
Hǒng nǐ shuìjiào ba.
홍　　　니　　슈에이찌야오　　바

에너지 넘치는 하루를 보낸 아이가 졸린지 계속 하품을 하네요. 아이를 재우는 상황을 상상하며 연습해 보세요. 哄 hǒng은 '(어린아이를) 달래다, 어르다'라는 의미이고, 睡觉 shuìjiào는 '자다'라는 뜻입니다. 직역을 하면 '네가 자도록 달래 주다'라는 의미이지만, 우리말과는 어순이 다른 구조이므로 간편하게 '재워 줄게.'라고 해석합니다.

哄	你	睡觉	吧
hǒng	nǐ	shuìjiào	ba
달래다	너, 당신	자다	~하자[제안·권유를 나타냄]

ϲ ϲ ϲ ϲ ϲ ϲ ϲ ϲ ϲ **일상생활에 적용하기** ϲ ϲ ϲ ϲ ϲ ϲ ϲ ϲ ϲ

재워 줄게.

哄你睡觉吧。
Hǒng nǐ shuìjiào ba.

네, 아빠.

하품하는 걸 보니 졸리구나? 재워 줄게.

哄你睡觉吧。
Hǒng nǐ shuìjiào ba.

자장가 불러 주세요.

093

☑ 잠들기 전에

잘 자.

093.mp3

晚安!

Wǎn'ān!

완안

자기 전 인사로 하루를 마무리해 보세요. 晚安 wǎn'ān은 자기 전에 나누는 보편적인 인사로, '잘 자', '안녕히 주무세요'의 의미입니다. 이때 상대방도 똑같이 晚安 wǎn'ān으로 대답합니다.

➕ 한어병음의 ' ' '는 격음부호라고 하며, 뒤의 음절이 a, e, o로 시작할 때 음절의 구분을 명확하게 하기 위해 사용합니다.

晚安

wǎn'ān

잘 자, 안녕히 주무세요 [잠들기 전에 하는 인사]

일상생활에 적용하기

잘 자.

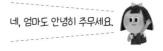
晚安! Wǎn'ān!

네, 엄마도 안녕히 주무세요.

사랑해, 우리 아가! 잘 자.

晚安! Wǎn'ān!

사랑해요, 아빠.

: 한마디로 맞장구 치기

1 **当然!** 당연하지. / 물론이지.
Dāng rán! [땅란]

2 **是的。** 좋아. / 좋아요.
Shì de. [스더]

3 **好的。** 좋아. / 좋아요.
Hǎo de. [하오 더]

: 아이에게 건네는 따뜻한 말 한마디

1 **非常感谢你的帮助。** 도와줘서 너무 고마워.
Fēicháng gǎnxiè nǐ de bāngzhù. [페이창 간씨에 니 더 빵쭈]

2 **妈妈爸爸永远在你身边。** 엄마, 아빠는 항상 네 곁에 있어.
Māma bàba yǒngyuǎn zài nǐ shēnbiān.
[마마 빠바 용위엔 짜이 니 션비엔]

3 **妈妈(爸爸)相信你。** 엄마(아빠)는 널 믿어.
Māma(Bàba) xiāngxìn nǐ. [마마(빠바) 씨앙씬 니]

PART 10

특별한 날

🎧 **MP3 듣기**

도서 페이지의 '자료실'을 터치하면 MP3 파일을 바로 듣거나 전체 다운로드를 할 수 있습니다.

094

☑ 놀러 가기
자, 출발!

094.mp3

我们要出发了。
Wǒmen yào chūfā le.

我们要出发了。
Wǒmen yào chūfā le.

워먼 야오 츄퐈 러

가족끼리 외출하거나 여행을 떠날 때 쓸 수 있는 표현이에요. 要……了 yào ~ le [야오~러]는 '곧 ~하려 하다'라는 뜻으로, 동작이나 상황이 곧 발생할 것임을 나타냅니다. 이 문장을 직역하면 '우리는 곧 출발하려고 한다'이지만 실생활에서 '출발한다!', '자, 출발!'의 의미로 많이 사용됩니다. '출발하다'라는 뜻의 단어 하나만 사용해서 '出发! Chūfā! [츄퐈] 출발!'라고 말할 수도 있습니다.

我们	要……了	出发
wǒmen	yào ~ le	chūfā
우리	곧 ~하려 하다	출발하다

일상생활에 적용하기

자, 출발!

我们要出发了。
Wǒmen yào chūfā le.

야호! 출발!

出发! Chūfā!
츄퐈

오늘은 할머니 댁에 갈 거야. **출발하자!**

我们要出发了。
Wǒmen yào chūfā le.

출발!

出发! Chūfā!
츄퐈

☑ 구매하기

우리 표 사러 가자.

095.mp3

我们去买票吧。
Wǒmen qù mǎi piào ba.

我们去买票吧。

Wǒmen qù mǎi piào ba.

워먼　취　마이　피야오　바

동물원이나 아쿠아리움, 영화관 등에서 사용할 수 있는 표현입니다. '표를 사다' 라는 표현은 买票 mǎi piào입니다. '我们去买 + 물건 + 吧 wǒmen qù mǎi ~ ba [워먼 취 마이 ~ 바]'를 기억해 두면 票 piào 대신 다른 사물을 넣어 활용할 수 있습니다.

我们	去	买	票	吧
wǒmen	qù	mǎi	piào	ba
우리	가다	사다	표, 티켓	~하자

票
piào 피야오

표, 티켓

气球
qìqiú 치치우

풍선

우리 표 사러 가자.

我们去买票吧。
Wǒmen qù mǎi piào ba.

저쪽에서 파는 것 같아요.

우리 풍선 사러 가자.

我们去买气球吧。
Wǒmen qù mǎi qìqiú ba.

신난다! 전 돌고래 풍선 살래요.

096

☑ 구경하기

양 보고 싶니?

096.mp3

想看羊吗?

Xiǎng kàn yáng ma?

想看羊吗?

Xiǎng kàn yáng ma?

씨앙   칸   양   마

아이와 체험 활동을 하러 가거나, 동물원, 미술관, 박물관 등에서 사용할 수 있는 표현입니다. '想看 + 보고 싶은 사람/동물/사물 + 吗? Xiǎng kàn ~ ma? [씨앙 칸 ~ 마?]' 표현을 활용하여 아이에게 구경하고 싶은 것을 다양하게 물어볼 수 있습니다.

想	看	羊	吗
xiǎng	kàn	yáng	ma
~하고 싶다	보다	양	~니?

羊
yáng 양

양

兔子
tùzi 투즈

토끼

일상생활에 적용하기

양 보고 싶니?

想看羊吗? Xiǎng kàn yáng ma?

네, 양한테 먹이도 주고 싶어요.

토끼 보고 싶니?

想看兔子吗? Xiǎng kàn tùzi ma?

네, 토끼 너무 좋아요.

☑ 구경하기
보이니?

097.mp3

看见了吗?
Kànjiàn le ma?

칸찌엔 러 마

구경할 때 아이가 잘 보이는지 '보이니?', '봤니?'라고 묻곤 하는데요. 이 표현을 아이에게 중국어로 들려주세요. 이때 대답은 긍정의 경우 '看见了 kànjiàn le [칸찌엔 러]', 부정의 경우 '没看见 méi kànjiàn [메이 칸찌엔]'이라고 합니다.

看见	了	吗
kànjiàn	le	ma
보다	[완료를 나타냄]	~니?

일상생활에 적용하기

보이니?

看见了吗?
Kànjiàn le ma?

보여요.

看见了。 Kànjiàn le.
칸찌엔   러

보이니?

看见了吗?
Kànjiàn le ma?

안 보여요.

没看见。 Méi kànjiàn.
메이   칸찌엔

☑ 체험 활동하기

우리 한번 해 보자.

098.mp3

我们试一试吧。
Wǒmen shì yi shì ba.

我们试一试吧。

Wǒmen shì yi shì ba.

워먼 스 이 스 바

동물에게 먹이 주기, 과일 수확하기 등 체험 활동을 하러 가서 아이에게 한번 해 보자고 권하거나 제안할 때 사용할 수 있는 표현입니다. 试 shì은 '시험 삼아 해 보다', '시도하다'라는 의미가 있는데, 이 표현에서는 '试一试 shì yi shì' 형태로 쓰여 '한번 ~해 보다', '좀 ~해 보다'로 해석됩니다. 체험을 권할 때 외에도 옷이나 신발을 사기 전에 한번 입어 보라고 말할 때도 사용할 수 있습니다.

我们	试一试	吧
wǒmen	shì yi shì	ba
우리	한번 ~해 보다	~하자[제안·권유를 나타냄]

양에게 줄 먹이야. 우리 한번 해 보자.

我们试一试吧。
Wǒmen shì yi shì ba.

좋아요.

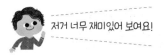

저거 너무 재미있어 보여요!

우와, 재밌겠다! 우리 한번 해 보자.

我们试一试吧。
Wǒmen shì yi shì ba.

099

☑ 사진 찍기

우리 같이 사진 찍자.

099.mp3

我们一起拍照吧。
Wǒmen yìqǐ pāizhào ba.

我们一起拍照吧。

Wǒmen yìqǐ pāizhào ba.

워먼　　이치　　파이 짜오　　바

사랑스러운 아이와의 추억을 사진으로 남기고 싶을 때 이렇게 말해 보세요. 拍照 pāizhào는 '사진을 찍다'라는 뜻입니다. 우리가 사진을 찍을 때 '김치!'라고 말하는 것처럼 중국 사람들은 사진을 찍을 때 채소 '가지'를 뜻하는 '茄子 qiézi [치에즈]'라고 말합니다.

我们	一起	拍照	吧
wǒmen	yìqǐ	pāizhào	ba
우리	같이	사진을 찍다	~하자[제안·권유를 나타냄]

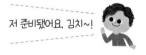
일상생활에 적용하기

우리 같이 사진 찍자.

我们一起拍照吧。
Wǒmen yìqǐ pāizhào ba.

저 준비됐어요, 김치~!

우리 같이 사진 찍자.

我们一起拍照吧。
Wǒmen yìqǐ pāizhào ba.

제가 사진 찍을래요.

100

☑ 축하하기

생일 축하해!

100.mp3

祝你生日快乐!
Zhù nǐ shēngrì kuàilè!

祝你生日快乐!

Zhù nǐ shēngrì kuàilè!

쮸 니 셩르 콰이러

생일날 축하하는 마음을 전할 때 사용할 수 있는 표현입니다. 祝는 '축하하다, 축원하다'라는 뜻이고, 快乐는 '즐겁다'라는 뜻을 가지고 있어서 문장을 풀이하면 '당신의 생일을 즐겁게 보내기 바랍니다'이고, '생일 축하합니다'라고 해석할 수 있습니다. 생일 파티에서 축하 인사를 건네는 것을 상상하며 말해 보세요.

祝	你	生日	快乐
zhù	nǐ	shēngrì	kuàilè
축하하다, 축원하다	너, 당신	생일	즐겁다

ℂ ℂ ℂ ℂ ℂ ℂ ℂ ℂ **일상생활에 적용하기** ℂ ℂ ℂ ℂ ℂ ℂ ℂ ℂ

생일 축하해! 자, 여기 선물!

祝你生日快乐!
Zhù nǐ shēngrì kuàilè!

와, 선물이다! 고마워요, 엄마.

우리 딸, 생일 축하한다.

祝你生日快乐!
Zhù nǐ shēngrì kuàilè!

고마워요, 아빠.

1 笑一笑! 웃어봐!
Xiào yi xiào! [씨야오 이 씨야오]

2 看镜头! 렌즈 봐! / 여기 봐!
Kàn jìng tóu! [칸 찡 터우]

3 再摆个姿势! 자, 다음 포즈!
Zài bǎi ge zīshì! [짜이 바이 거 쯔스]

1 许愿吧! 소원 빌자.
Xǔyuàn ba! [쉬위엔 바]

2 我们一起唱生日歌吧。 우리 같이 생일축하노래 부르자.
Wǒmen yìqǐ chàng shēngrìgē ba. [워먼 이치 챵 셩르끄어 바]

3 这是为你准备的礼物。 이건 너를 위해 준비한 선물이야.
Zhèshì wèi nǐ zhǔnbèi de lǐwù. [쩌스 웨이 니 준뻬이 더 리우]

이 책을 먼저 만난 전문가의 한마디

《엄마표 처음 중국어 100》은 엄마가 아이에게 중국어 표현을 가르치는 책입니다. 아이에게 엄마가 첫 중국어 선생님이 되는 것이지요. 이 책의 최대 강점은 **아이가 중국어를 '엄마'라는 세상에서 가장 친근한 존재로부터 배워서 좋은 '첫 기억'으로 자리 잡을 수 있다**는 것입니다. 두 번째 강점은 '내용적 친근함'입니다. 엄마와 아이의 일상생활 속에서 매일 하는 말들 중 가장 기본적인 표현 100개만 담았습니다. **익숙한 상황에서 자연스럽게 반복할 수 있어 중국어 학습 효과를 높였습니다.** "兴趣是最好的老师"이라는 말처럼 이 책을 통해 엄마표 중국어로 중국어를 처음 접한 아이들이 중국어 학습에 대한 흥미와 좋은 기억을 갖길 바랍니다.

— 한국외대 교육대학원 중국어교육 전공 강사 백지훈

这本《엄마표 처음 중국어 100》是一本实用性很强的汉语口语教材，里面收录了孩子们平时经常会说的以及感兴趣的话题，非常适合想要教家里小宝贝汉语的妈妈们。我的孩子刚四岁，看到这本书的原稿时，我一度怀疑美熙老师在我家安装了摄像头。这不就是我天天说的话吗？也不得不让我再次被美熙老师深厚的中文功底所折服。所以想要培养孩子对汉语兴趣的妈妈们，这本书你一定不要错过！

《엄마표 처음 중국어 100》은 **처음 중국어를 접하는 학습자도 부담 없이 입문하기 좋은 책입니다.** 일상생활에서 자주 쓰는 표현으로 구성되어 있어 엄마표 학습을 원하는 학습자의 몰입도를 상승시킬 것입니다. 윤유나 선생님이 선정한 100문장은 4살 아이를 키우고 있는 제 생활을 들여다본 것과 같이 생생한 표현들이 실려 있는데, **아이와 함께 생활 속에서 자연스럽게 중국어를 노출시켜 흥미를 불러일으키기 안성맞춤입니다.** 엄마표 중국어를 시작해 보고 싶은 분들께 이 책을 추천합니다.

— 重庆外语外事学院 东方语学院韩语教师 李娟

아이의 중국어 학습의 필요성을 느끼는 엄마들은 많지만 막상 어떻게 시작하면 좋을지 모르는 경우가 많습니다. 《엄마표 처음 중국어 100》은 **엄마가 쉽게 시도해 볼 수 있고, 아이에게 자연스러운 중국어 환경을 만들어 줄 수 있는 책입니다.** 이 책의 장점은 일상 생활 속에서 바로 적용할 수 있는 표현들로 구성되어 있다는 것입니다. 중국어가 어렵게 느껴져 망설이던 엄마들도 이 책의 목차를 보는 순간 '한 번 해볼까?' 하는 마음이 들어 실천으로 옮기게 될 것입니다. 더 이상 주저하지 말고 이 책과 함께 지금 당장 할 수 있는 것부터 시작해 보세요. 아이의 중국어 실력뿐만 아니라 엄마의 중국어 실력도 향상될 것입니다.

— 중국어 교사 김지영

《엄마표 처음 중국어 100》은 아이를 둔 부모에게 꼭 필요한 교재라고 생각합니다. **아이와 함께 생활하며 맞닥뜨릴 수 있는 각각의 상황에 꼭 필요한 핵심 중국어 표현을 일목요연하게 잘 담아내고 있으며, 내용이 짧고 간결하지만 그 실용성이 매우 높기 때문입니다.** 또한 중국어 표현을 어떻게 활용해야 하는지에 대해서도 친절히 설명되어 있어 독자의 이해를 돕습니다. 아이와 놀이하듯이 하루 한마디씩 일상생활에서 들려준다면 자연스럽게 아이가 중국어에 익숙해질 것입니다. 아이를 둔 저도 얼른 이 교재에 나온 표현들로 아이와 함께 중국어로 대화해 보고 싶습니다.

— 중국어 교사 김현웅

作为中韩家庭中妈妈的我，作为从事汉语教学16年的我，一直坚信孩子的汉语启蒙，只有从小在日常生活中让孩子建立起汉语与日常事物的联系，增强学习兴趣，才能激发孩子对语言的潜能。所以虽然宝宝周边都是韩国语的环境，但我还是坚持每天跟宝宝用汉语对话。我认为，妈妈的坚持是最重要的。当我看到윤유나老师写的这本书时，突然有种似曾相识的感觉，莫名的感动了。是啊，这不就是我平时每天跟宝宝的对话内容吗！贴切的表现，简单易懂，又包括了生活的方方面面，非常实用。父母是孩子最好的启蒙老师，选择家庭侵入式的方式来启蒙学习，以身作则，为孩子创适良好的汉语学习环境。对于那些关心汉语教育的韩国妈妈来说，这是一本不可多得的亲子共学的好教材。

저는 한중 다문화가정에서 아이를 키우고 있는 엄마이자, 16년째 중국어교육 현장에서 일하고 있는 강사입니다. 중국인인 저 또한 한국어 환경 속에서만 자라온 아이에게 어떻게 중국어를 가르치는 것이 좋을지 항상 고민하게 되는데요. 《엄마표 처음 중국어 100》**은 생활 속에서 자연스럽게 중국어를 노출시켜 학습에 대한 흥미를 이끌어 줄 수 있는 쉽고 자주 쓰는 표현들을 모아 놓은 점이 눈길을 사로잡았습니다.** 부모는 아이의 첫 스승이라는 말이 있습니다. 엄마, 아빠가 재미있게 중국어를 공부하는 모습을 보여준다면 아이 역시 자연스럽게 중국어에 대한 흥미를 가질 것이라 생각합니다. 어렵지 않습니다. 이 책과 함께 하루 한문장씩 가볍게 중국어 공부를 시작해 보세요.

— 중국어 강사 王凌昱